AF618858

Armin Mueller-Stahl

ARMIN MUELLER-STAHL

Bumskanone, Rasselsäbel und Krachgewehr

Ein Bilderbuch gegen die Waffen

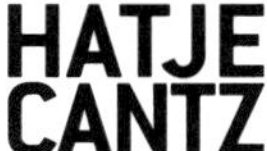

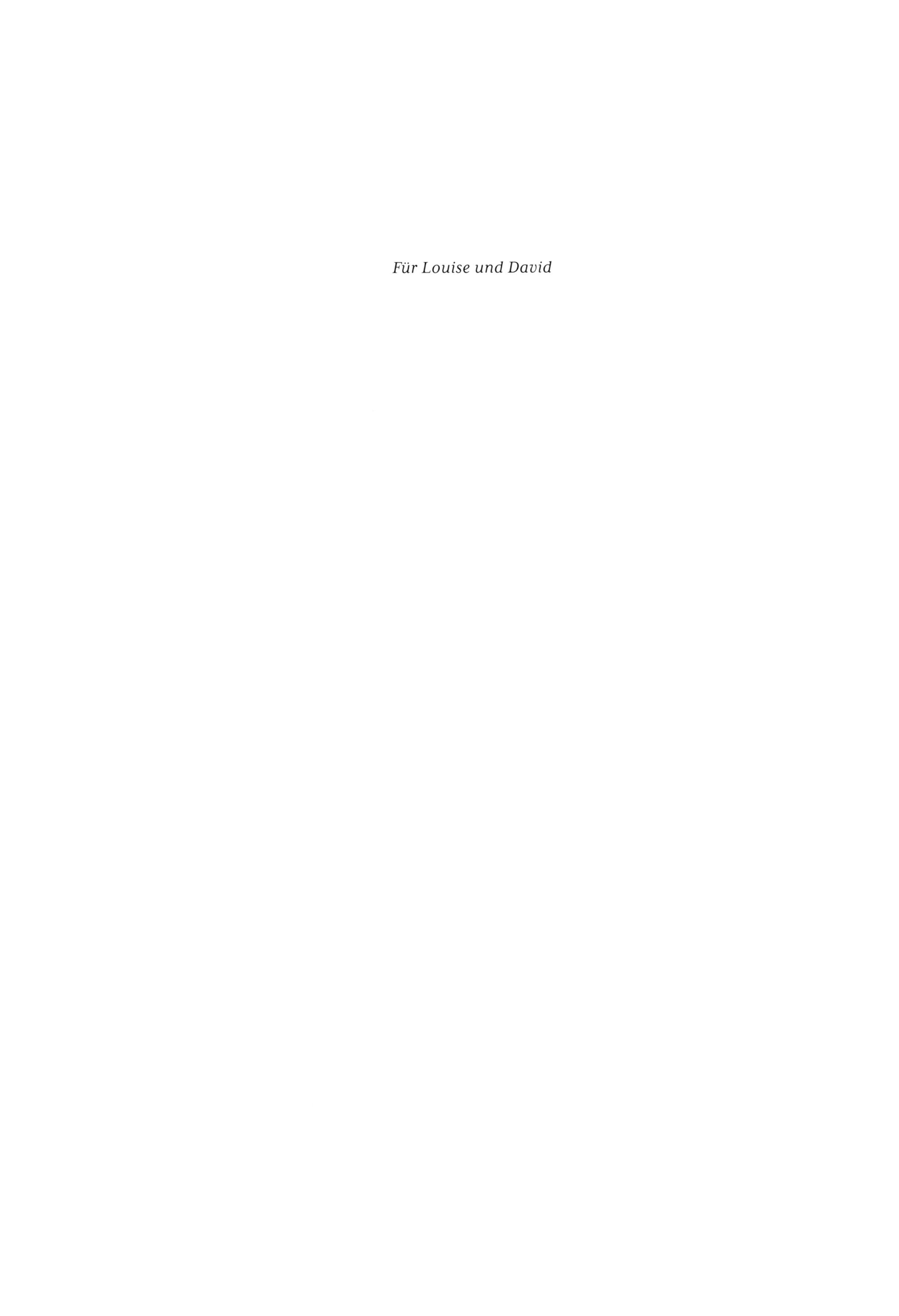

Für Louise und David

Inhalt

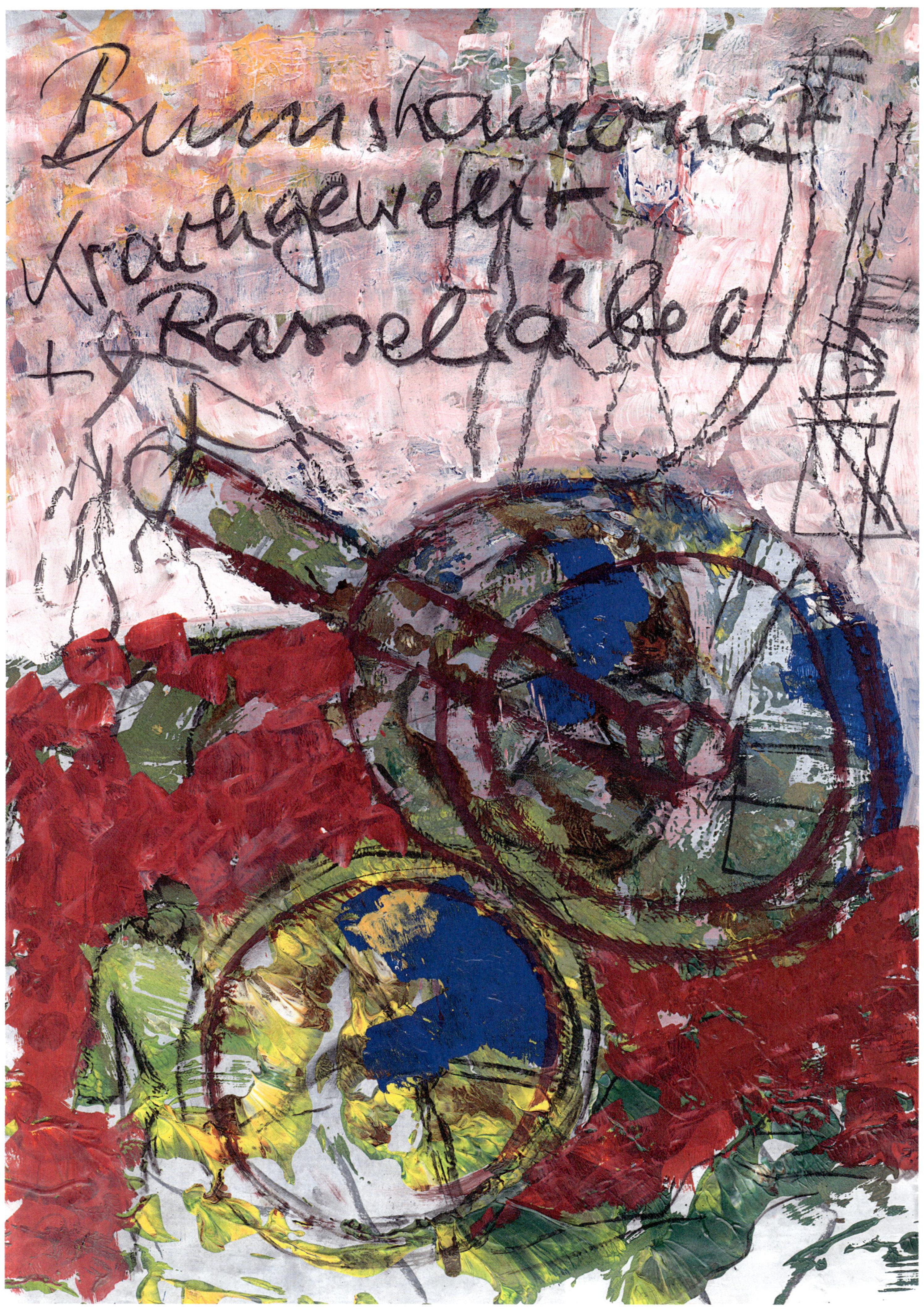

Ein Citoyen – Statt eines Vorworts

Er sagte es genauer / Wir haben des Bürgers Glück / Erreicht durch eine Mauer. (Aus: *Walter U.*, 1961) – *Es war mal eine blaue Kuh / Die hat sich ausgetrunken / Da war sie weg da war sie aus / So groß nur noch wie eine Laus.* (Aus: *Es war mal eine blaue Kuh, Spottlied auf den Staat*, 1964) – *Die Stasi kam die Suppe holn / Sie neu zu kochen gemäß der Partei / Und kochte was? Einen stinkenden Brei.* (Aus: *Columbus 1964*, 1966). – *Über die Mauer losgezogen / Ist er der Staatsmacht davongeflogen / Dann und wann gibst einen Mann / Der wien Vogel fliegen kann.* (Aus: *Der Wien Vogel fliegen kann*, 1968) – *Natürlich warn sie Stasi / Mit Nase, Ohr und Mund / Die drei sind heut noch tätig / Malochen für den Bund.* (Aus: *Marie hat eine Nase*, 1976) *He unser Nationalgericht / Gedämpfte Zunge / Bald werden wir in Bautzen sitzen / Und müssen uns die Plautze ritzen.* (Aus: *Neue Gesetze 1. August 1979*, 1979)

Und nun *Bumskanone, Rasselsäbel und Krachgewehr* – ein schon 1964 entstandenes Antirüstungsgedicht, das 2018 mit einem P.S. versehen wurde: *Mit den Waffen hü und hott / Die Raketen auf den Schrott / Die Waffenlobby noch dazu / Himmelsruh.*

Nicht erst mit der Unterzeichnung der Protestresolution gegen die Ausbürgerung Wolf Biermanns 1976, schon lange vorher – und bis in unsere Tage – offenbart sich Armin Mueller-Stahl als selbstbewusster und unbeugsamer politischer Mensch, als ein im Geiste der Aufklärung denkender, arbeitender und lebender Künstler, ein klassischer Citoyen, der eines nie sein wollte: ein Bürger von Staates oder Partei Gnaden.

Sein Widerstand gegen Gängelung, Unterdrückung und Unmenschlichkeit, geboren und gewachsen aus Erleben, Erfahrung und intellektueller Einsicht, und sein stets unverbrüchlicher Glaube an die Würde aller Menschen, die keinem System, keiner Ideologie, keiner Partei zum Opfer fallen dürfe, zieht sich wie ein roter Faden durch seine Vita, bestimmt bis heute sein Denken – und findet Niederschlag in seiner gesamten kreativen Tätigkeit: in Liedern, Gedichten, Essays, Romanen, in Interviews, in seinen Bühnen- und Filmrollen ebenso wie in den gemalten Menschenbildern. *Lieber einen Knick in der Karriere als im Rückgrat*, hat er einmal geäußert. Sich an eine solche Maxime halten, ist, wie uns Geschichte und Gegenwart lehren, bitter schwer. Mueller-Stahl ist ihr treu geblieben. Respekt!

Björn Engholm, Lübeck

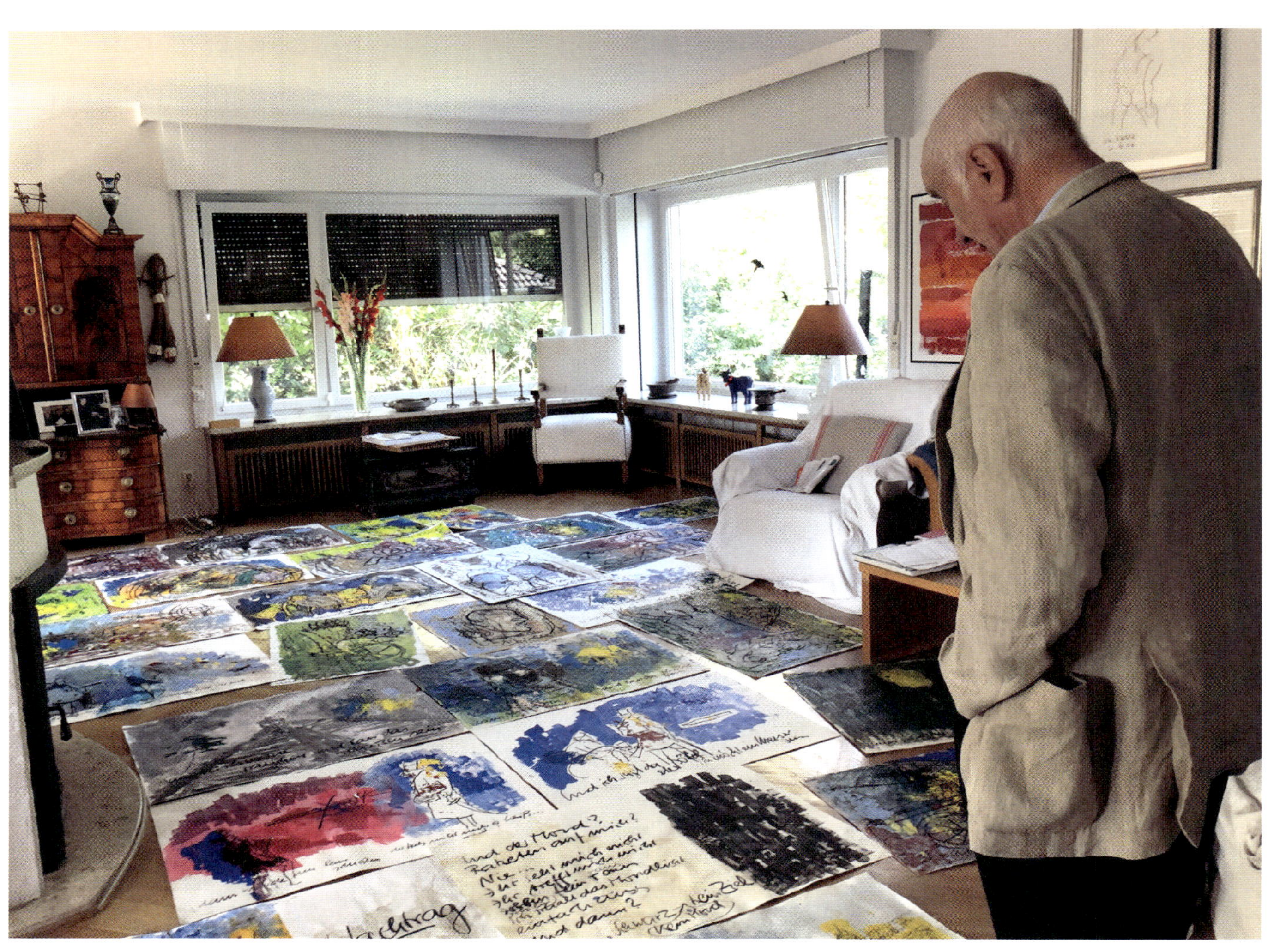

Und der Mond?
Raketen auf mich?
und dann?

Das Schweigen der Waffen

Stille – die habe er mal erlebt, damals, in Prenzlau: „Ich horche, und höre nichts. Das war: der Frieden“, so erzählt es Armin Mueller-Stahl. Kriegsende in Europa. Stille als Voraussetzung dafür, dass etwas beginnt. Musiker, Schauspieler und Vortragende müssen die Stille auch aushalten können. Im Schweigen, im Zögern vor einer Replik, im Mit- und Weiterspielen, wenn man selbst gerade mal keinen „Text hat“, in der Generalpause. Ausatmen dürfen muss ein Musikstück nach dem letzten Ton, ein Drama nach seiner Schlusszeile. Nicht sofort der Applaus! Erst dem Beendeten nachspüren, nur zwei, drei kürzeste Augenblicke, einen Einatmer vielleicht lang.

Apropos Einatmen: Volksbühne Berlin, 1964, Armin Mueller-Stahl spielt den Mercutio in *Romeo und Julia*. Tybalt ersticht Mercutio auf der Empore, Mercutio fällt, stürzt, rollt 32 Stufen hinunter. Am Fuß der Treppe muss er noch drei, vier Minuten bis zum nächsten Vorhang liegen. Tot, natürlich. Aber nach einstudiertem Duell nebst Absturz rasen Herz und Atem. Stilles Staccato-Atmen, so flach und schnell es geht, war die Lösung. Welche Anstrengung, welche Arbeit – die Kunst einzuüben bis zum artistischen Beherrschen, und je besser der Schauspieler wird, desto weniger merkt das Publikum etwas davon.

Dass das Leben auf grotesk-grausame Weise in jeder Minute kippen und mir-nichts-dir-nichts davonpurzeln kann, hat Armin Mueller-Stahl früh erfahren. Am 1. Mai 1945 starb der Vater in einem mecklenburgischen Lazarett. Eine Krankenakte fand man nie. Deswegen glaubt Armin Mueller-Stahl, sein Vater sei als Deserteur von Wehrmachts-Feldjägern erschossen worden. Die Familie erfuhr vom Tod des Vaters fast dreißig Jahre später.

Aber am gleichen 1. Mai 1945 droht ein Rotarmist den 14-jährigen Armin Mueller-Stahl zu erschießen. Weil er ihn für einen Hitlerjungen hält. Er schreit ihn an auf Russisch, drückt ihn an die Wand einer Scheune. In letzter Sekunde schlägt ein Pole, gerade aus deutscher Kriegsgefangenschaft freigekommen, dem Soldaten das Gewehr zur Seite. Oder ist er vor ihm auf die Knie gefallen und hat um Armins und das eigene Leben gebettelt? Armin Mueller-Stahl weiß es nicht mehr, nur noch, dass er davongerannt ist.

„Aus dem Leben eines Gauklers“ hieß der Abend vor knapp 20 Jahren, als Armin Mueller-Stahl diese Episode bei den *Berliner Lektionen* erzählte. Chaplins *Der große Diktator* fällt einem unwillkürlich ein: den armen Barbier im Ghetto bedrängt der Nazi-Mob, der Strick liegt um den Hals, sie ziehen ihn schon empor auf den Laternenpfahl – da unterbricht ein hoher Nazi das Lynchen. Die beiden erkennen sich, der hohe Nazi verdankt dem Juden das Leben. Und der fragt den Nazi: „Und, wie geht es Ihnen jetzt so?“

Von den vielen Ehrungen, die dem Schauspieler Armin Mueller-Stahl zuteilwurden, ist der längst nicht mehr vergebene „Chaplin-Schuh“ gar nicht der unpassendste. Auch Chaplin war beschlagen in der Musik, komponierte und dirigierte oft seinen eigenen Soundtrack. Auch nicht, weil Armin Mueller-Stahl viel mehr Slapstick draufhat als allgemein bekannt ist. Im Fernsehen der DDR trieb er Klamotte und Stand-up-Comedy – sehr beliebt, sehr erfolgreich. Chaplin und Armin Mueller-Stahl verbindet das untrügliche Gefühl für Balance, fürs equilibristische Kippeln. Die Rollschuh-Szene in *Modern Times*? Charlie fährt mit einem Tuch vor Augen immer am Rand lang. Und als er das Tuch abnimmt, fängt er an, die Rollen panisch von hinten nach vorne zu ziehen, als wolle er weg vom Abgrund, könne aber nicht, wie im bösen Traum, aber nur einen Moment lang. Bevor es zu viel wird, ist es schon wieder vorbei.

In Jim Jarmuschs *Night on Earth*, der unsterblichen Episode im gelben New Yorker Taxi: Armin Mueller-Stahl ist Helmut, er war ein Zirkusclown in Ostdeutschland, erzählt er, und spielt auf zwei kleinen Flöten gleichzeitig. Yo Yo, der Fahrgast, der dem Hilflosen das Chauffieren des Automatikwagens abgenommen hat, lacht sich schlapp. Beide haben diese pelzgefütterten Wintermützen auf, der Ohrenschutz immer wie Beagle-Ohren auf- und niederfliegen. Yo Yos ist der letzte Schrei, hat mit Helmuts Dingsda nichts zu tun. Und überhaupt: „Helmet?“, das ist ja, als taufe man sein Kind „lampshade“. Und der innere Witz: Lampenschirme können Helmhaftes an sich haben. Aber wie Armin Mueller-Stahl, nachdem Yo Yo und seine Schwägerin wieder draußen sind aus dem Taxi, als Helmut stoisch ungerührt durchs finstere, unbekannte Brooklyn kreuzt, das ist das Aushalten plötzlicher Stille nach brüllender Komik.

Armin Mueller-Stahl ist ein Meister darin, das Zwischendrin in der Waage zu halten.

Bis zum Krieg und der Einberufung des Vaters war es ein kunstliebendes Zuhause gewesen, in Tilsit. Der Vater ist Bankier, wäre aber lieber zur Bühne gegangen, spielt immer noch nach Kräften mit im Theater der Stadt, schrieb Sketche für Familienfeiern und führte sie vor. Man malte und musizierte gemeinsam, die Familie der Mutter zieht 1938 nach Prenzlau, dorthin weicht im Bombenkrieg die Mutter aufs Land aus, kehrt aber gleich nach Kriegsende ins ausgebrannte Prenzlau zurück. Die großen Nebenanlagen des Armin Mueller-Stahl wurden zuhause in Tilsit angelegt: Malen, Zeichnen, Musik.

Später, als Student der Musik in Berlin, auf dem Weg zum Berufs-Geiger, hörte er im Westen Yehudi Menuhin unter Celibidache, und im Osten sein großes Vorbild David Oistrach. Armin Mueller-Stahl kennt bestimmt die Einspielung des Bach'schen Doppelkonzerts BWV 1043 in d-moll mit Oistrach und Menuhin, wo im einfach himmlischen Largo eine gewisse Stelle kommt: beide Geigenstimmen haben eine minimale Pause – Stille –, aber die Spannung hält, bis das feine Netz der Töne Luft geholt hat und wieder anhebt.

Und dann die Bilder zum Lied, das die Waffen zum Schweigen bringen will. Erinnert sich der goldene König, der auf dem „Titelblatt“ zum Himmel schaut, an was Bestimmtes? Im Blatt zum „Waffenmuseum“ herrscht ein dicknasiger Hitler mit schwärzestem Kurzschnauz. Kinderfrohe, kräftige Farben überdecken die nur in Umrissen gehaltenen Waffen, wonach dünn abgefasste Strichhände greifen, die Krachgewehre verfüllen die Grundfarben rot, gelb und blau. Die Waffen sind verrostet, die humpelnden, lautmalerischen Kinderverse lassen sie ein bisschen ver-

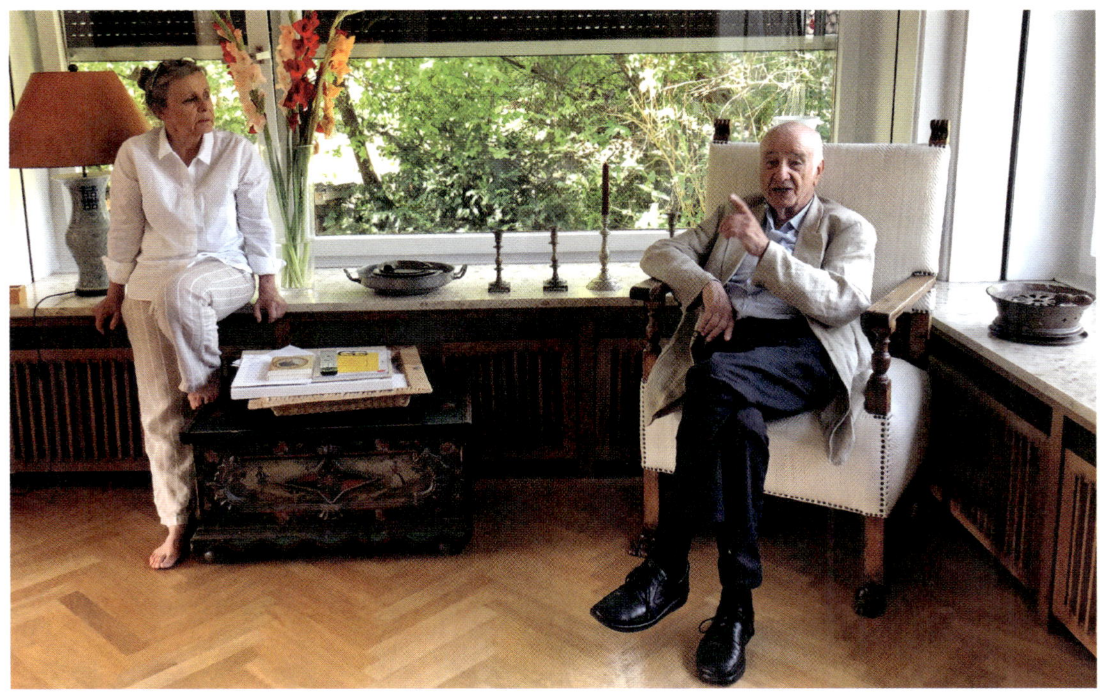

trottelt wirken, aber sie sind ja einsichtig am Ende. Als Knallchargen-Großtuerei brüsten sich die Waffen in der Rumpelkammer der Geschichte, und der Ausblick auf den Mond öffnet eine neue Perspektive. Aber zunächst kommt die Beichte, das Geständnis – mit einer Wandlung der Kanone zum Zug, des Gewehrs zum Auto und des Säbels zum Küchenmesser – eine Vergebung der Sünden. Der gute Mond, der so stille geht, distanziert sich im Nachtrag – wie so oft – und dreht den Hauptschalter ab. So fällt die „Himmelsruh" ins goldene Schlussbild wie in ein himmlisches Jerusalem. Die Stille besiegt das Gerassel der Waffen.

Wie viel Begabung ein einzelner Mann braucht, um als Geiger ganz ernsthaft zu konzertieren, als Schauspieler seit sechs Jahrzehnten zu brillieren, ob in der DDR, der BRD oder international; schreiben zu können und ein malerisches Werk von hoher Substanz und einiger grafischer Modernität zu schaffen – und das Alles gleichzeitig – ist nicht leicht zu ermessen. Armin Mueller-Stahl zählt wohl zu den ganz seltenen „Mehrfachbegabungen": Alles, was ihnen unterkommt, können sie in Kunst umgießen. Und es ist begeisternd und bewundernswert, wie stetig er in seiner künstlerischen Verwandlungsarbeit bleibt, gleich in welcher Disziplin. Seit 60 Jahren sei er der Gaukler, der Tragöde und der Narr, so trägt er es in seinem Gedicht – oder Couplet – vom „Gaukler" vor. Wie vielen Menschen er damit allein eine tiefe und beglückende Freude gemacht hat! Schön und berückend, und hier zu sehen, dass das längst noch nicht alles ist.

Philipp Hontschik

Bumskanone, Rasselsäbel und Krachgewehr

Es waren mal drei Waffen
Die klapperten herum
In einer dunklen Ecke
Im Waffenmuseum

Es war der Rasselsäbel
Ein altes Krachgewehr
Und noch ne Bumskanone
Sonst klappert nirgendwer

Und klapperten noch mehr
Und gaben furchtbar an
Doch gleich danach warn sie
Mit einer Beichte dran

Angeberei

O sagte die Kanone
Ich macht nur einmal bum
Da fieln von meiner Kugel
Zehn Regimenter um

O sagte das Gewehr
Ich war ja auch mal wer
Ich habe peng durchlöchert
Das Stadt und noch das Heer

Hei rasselt da der Säbel
Mit einem Hieb ich hab
Rasiert den King und schlug
Noch zwei drei Köpfe ab

Dann schwiegen alle drei
Im milden Abendlicht
Ach wären die Raketen
Nur auf den Mond gericht

Beichte

O sagte die Kanone
Ich möcht ein D-Zug sein
Dann tu ich vorne rauchen
Und lass das Schießen sein

Und ich möchte ein Auto
Sagt das Gewehr ich weiß
Dann würde mir beim Schießen
Der Hals nicht mehr so heiß

Und ich sagt da der Säbel
Ich möcht ein Messer sein
Dann schnitt ich frischen Schinken
Und Brot und Äpfel klein

Dann schwiegen alle drei
Im milden Abendlicht
Ach wären die Raketen
Nur auf den Mond gericht

Nachtrag

Und der Mond?
Raketen auf mich? Seid ihr noch bei Sinnen?
Ihr seht mich nicht
Ihr trefft mich nicht
Ich bin fein raus
Ich schalt das Mondlicht
Einfach aus
Und dann
Kein Mond, kein Ziel, nix ...

P.S.
Mit den Waffen hü und hott
Die Raketen auf den Schrott
Die Waffenlobby noch dazu
Himmelsruh ...

Text von Armin Mueller-Stahl
(Liedtext von 1964, überarbeitet 2018-20)

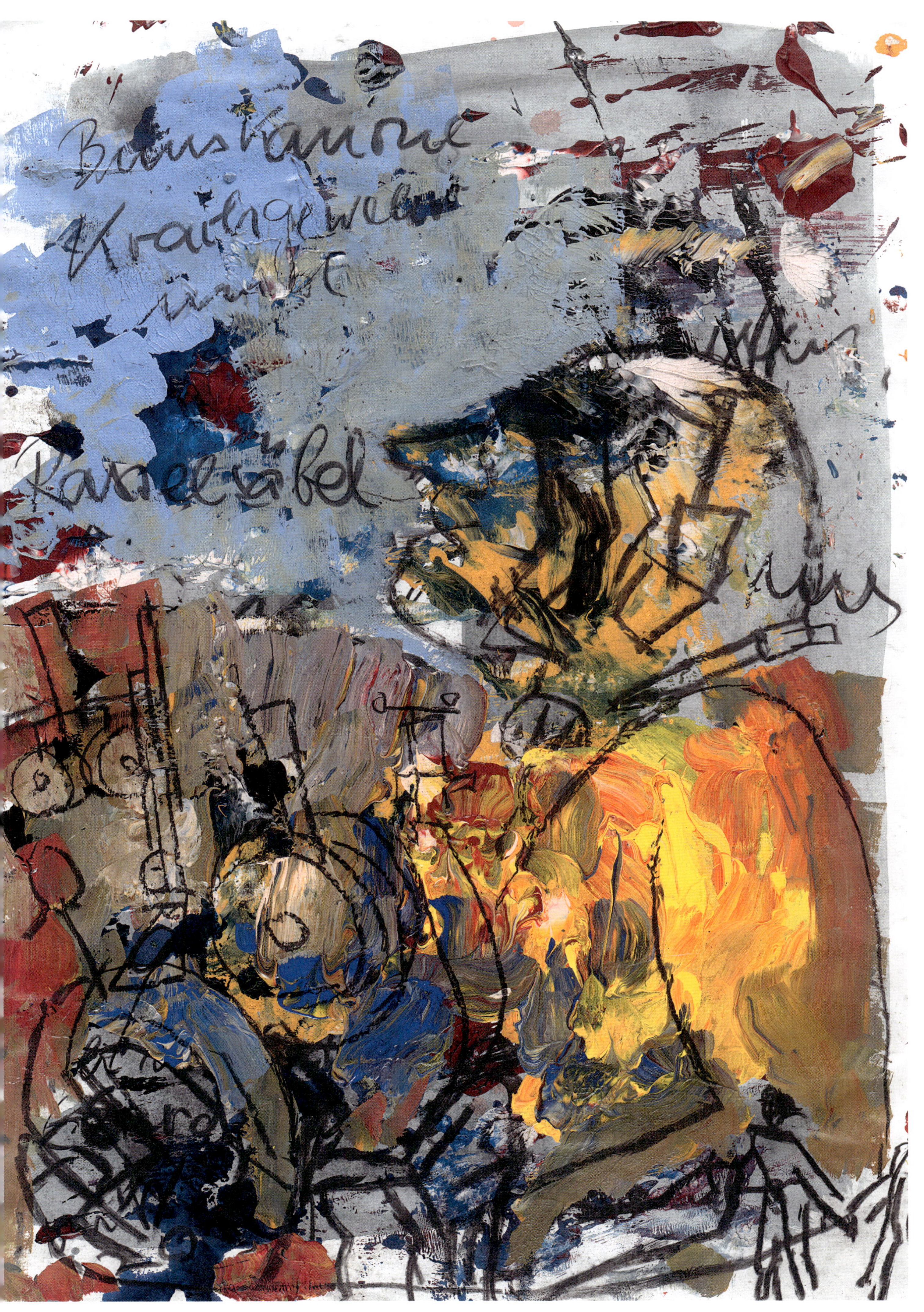

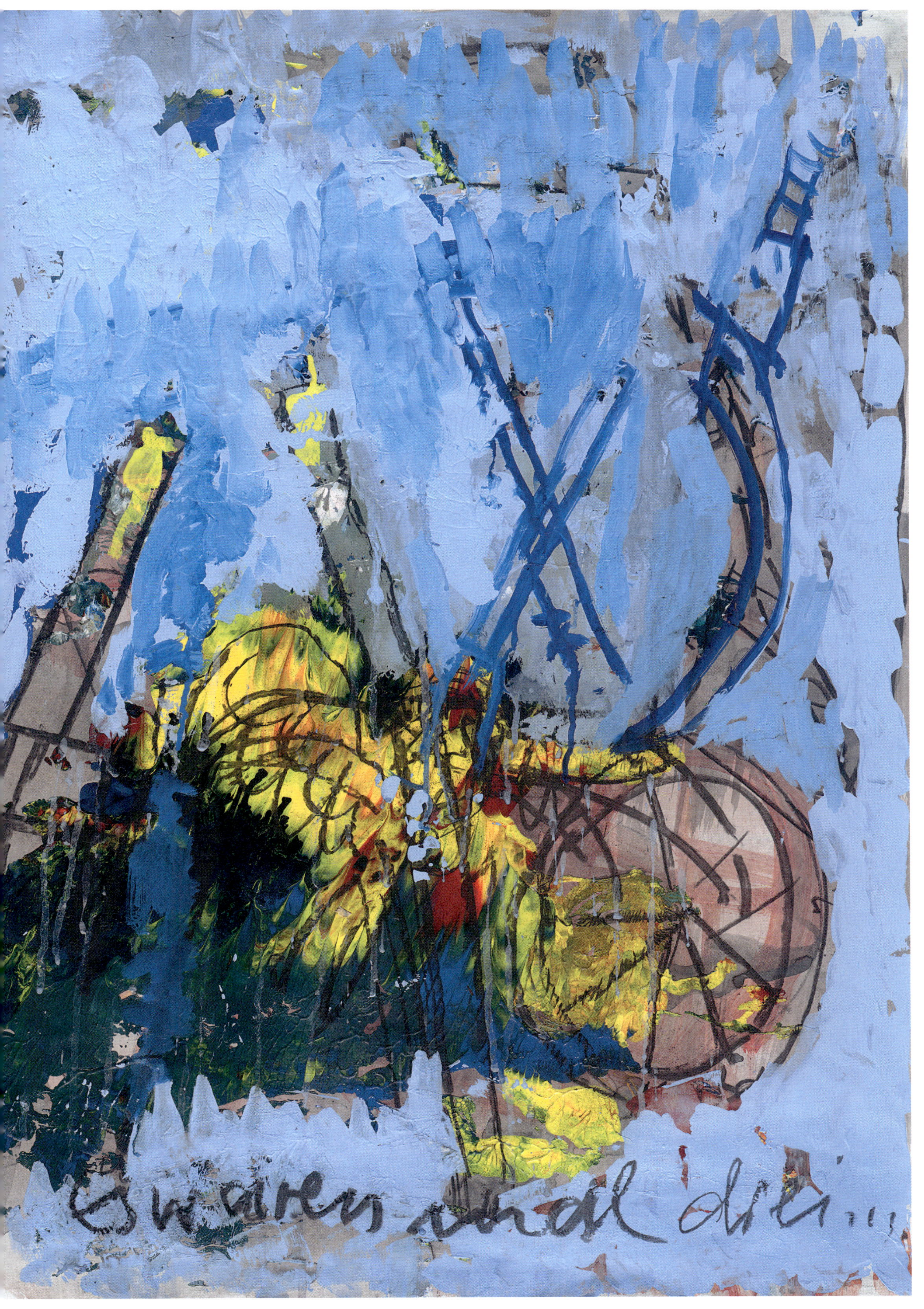

Es waren mal drei...

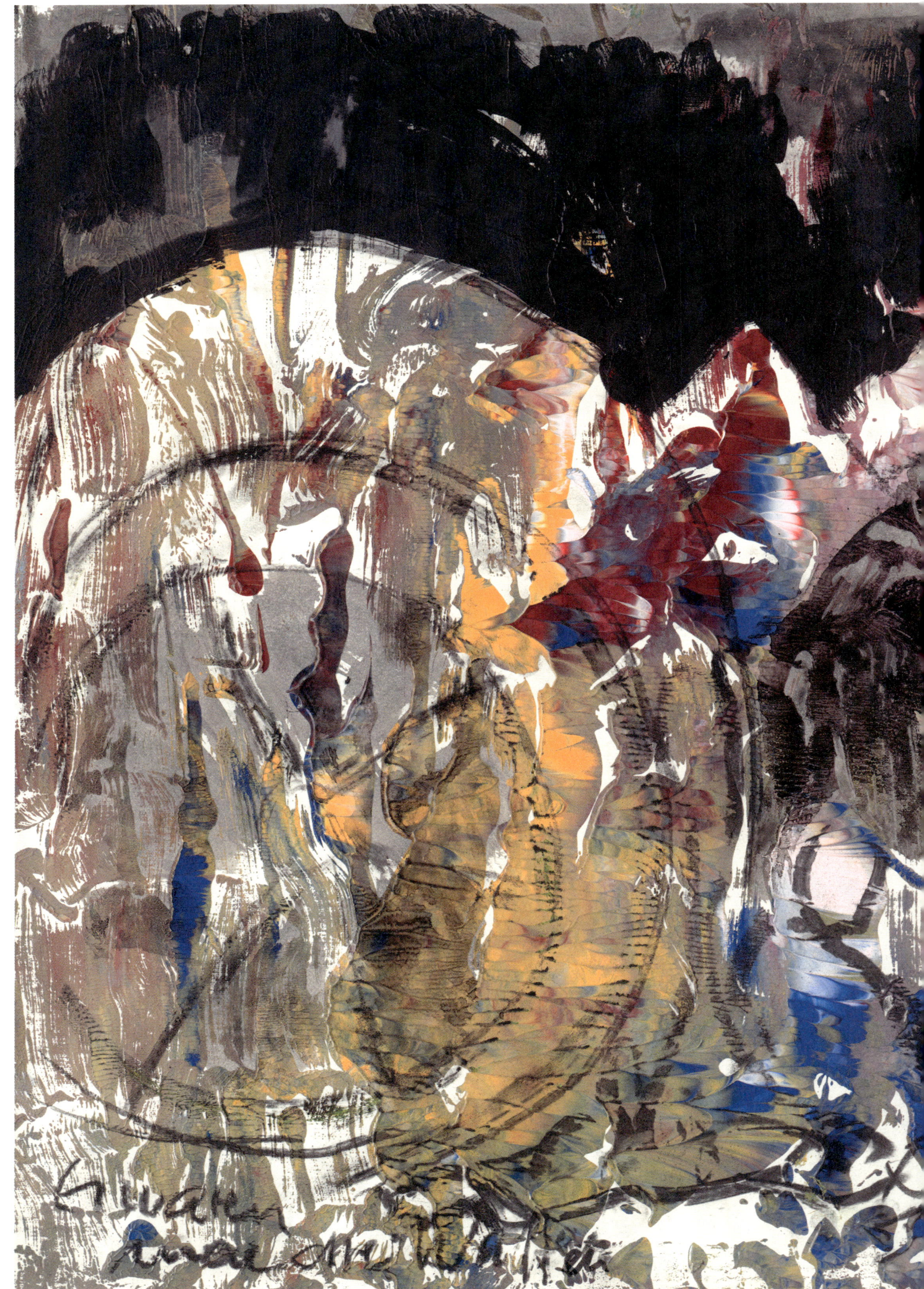

Die klapperten herum

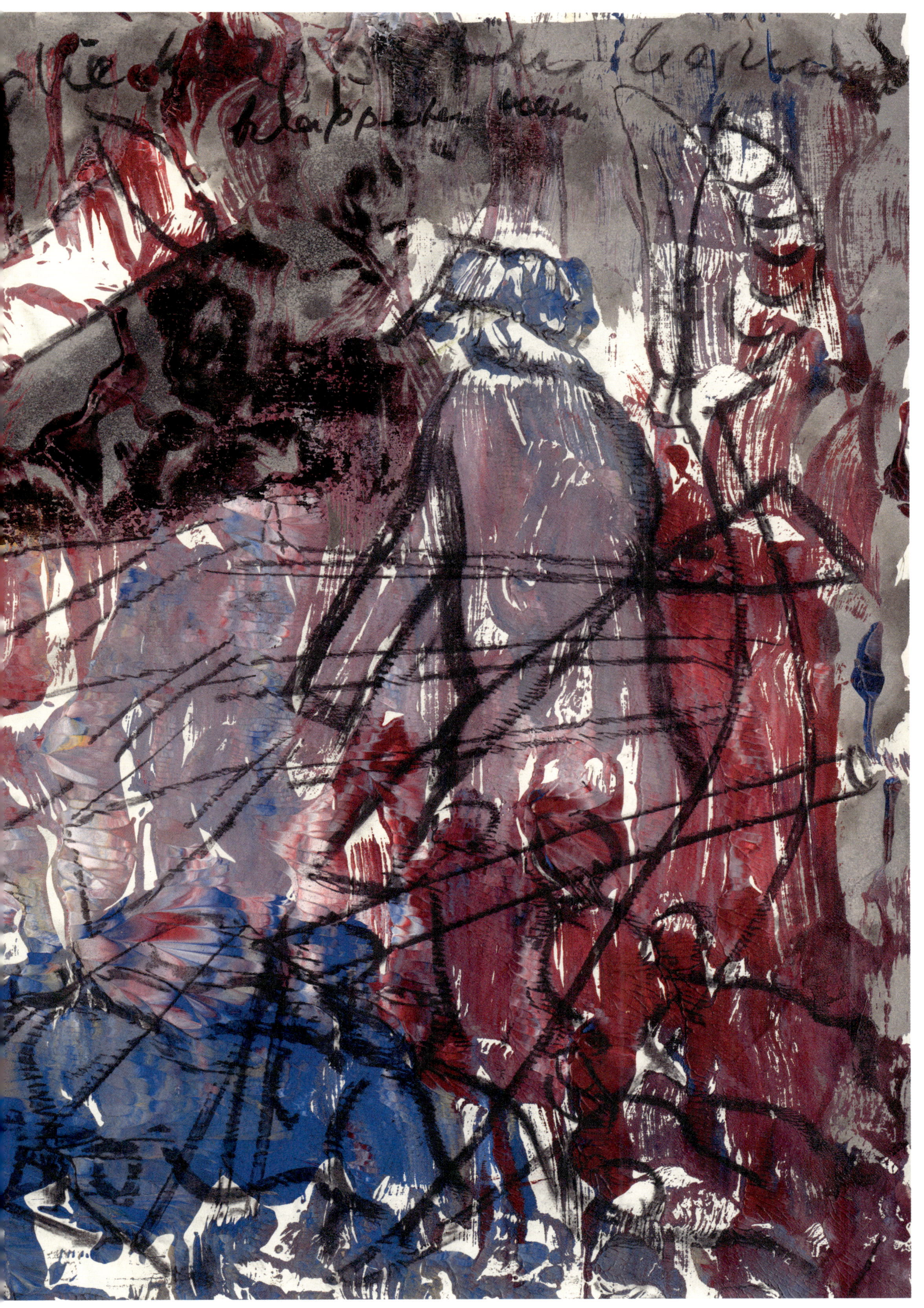

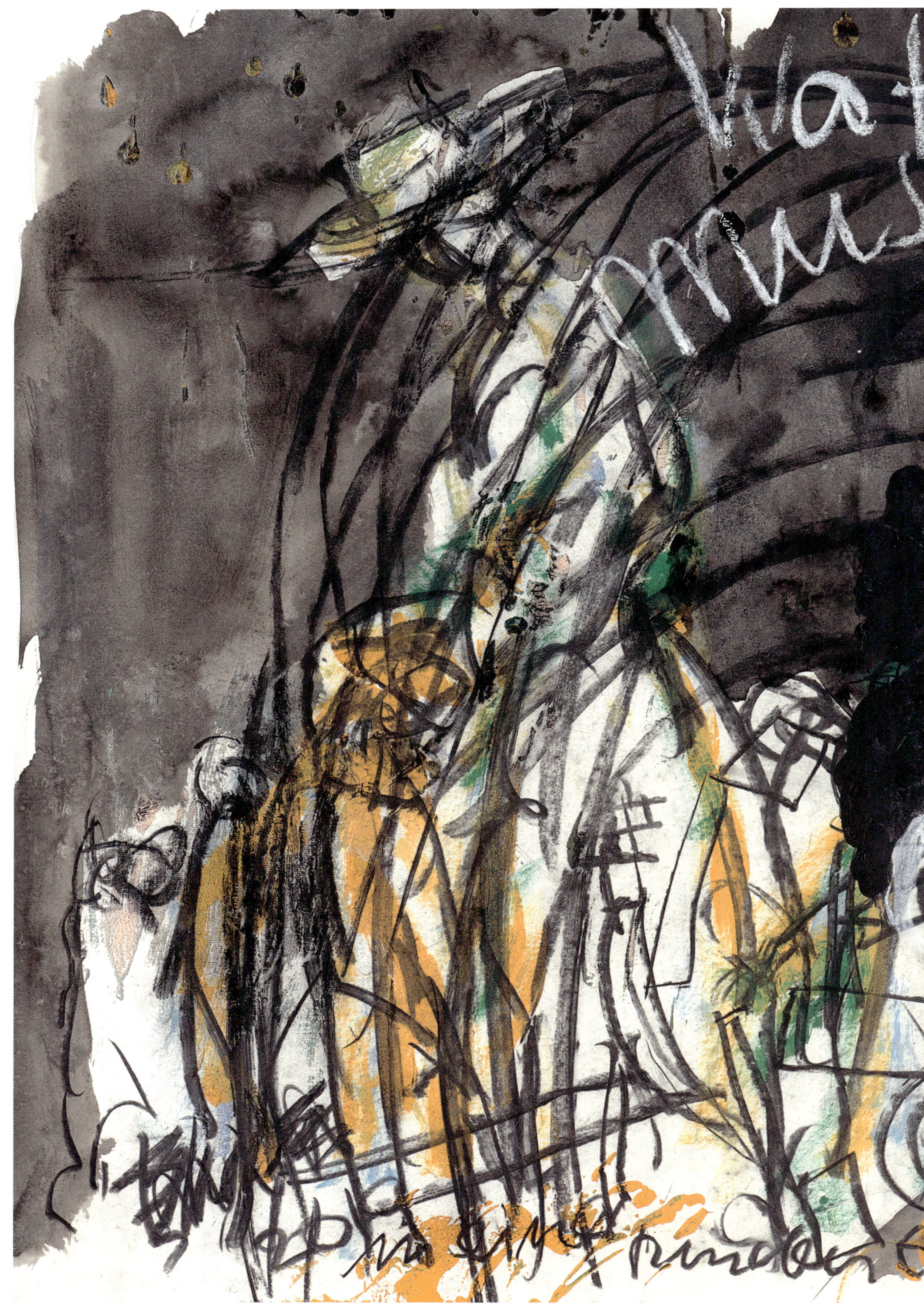

In einer dunklen Ecke / Im Waffenmuseum

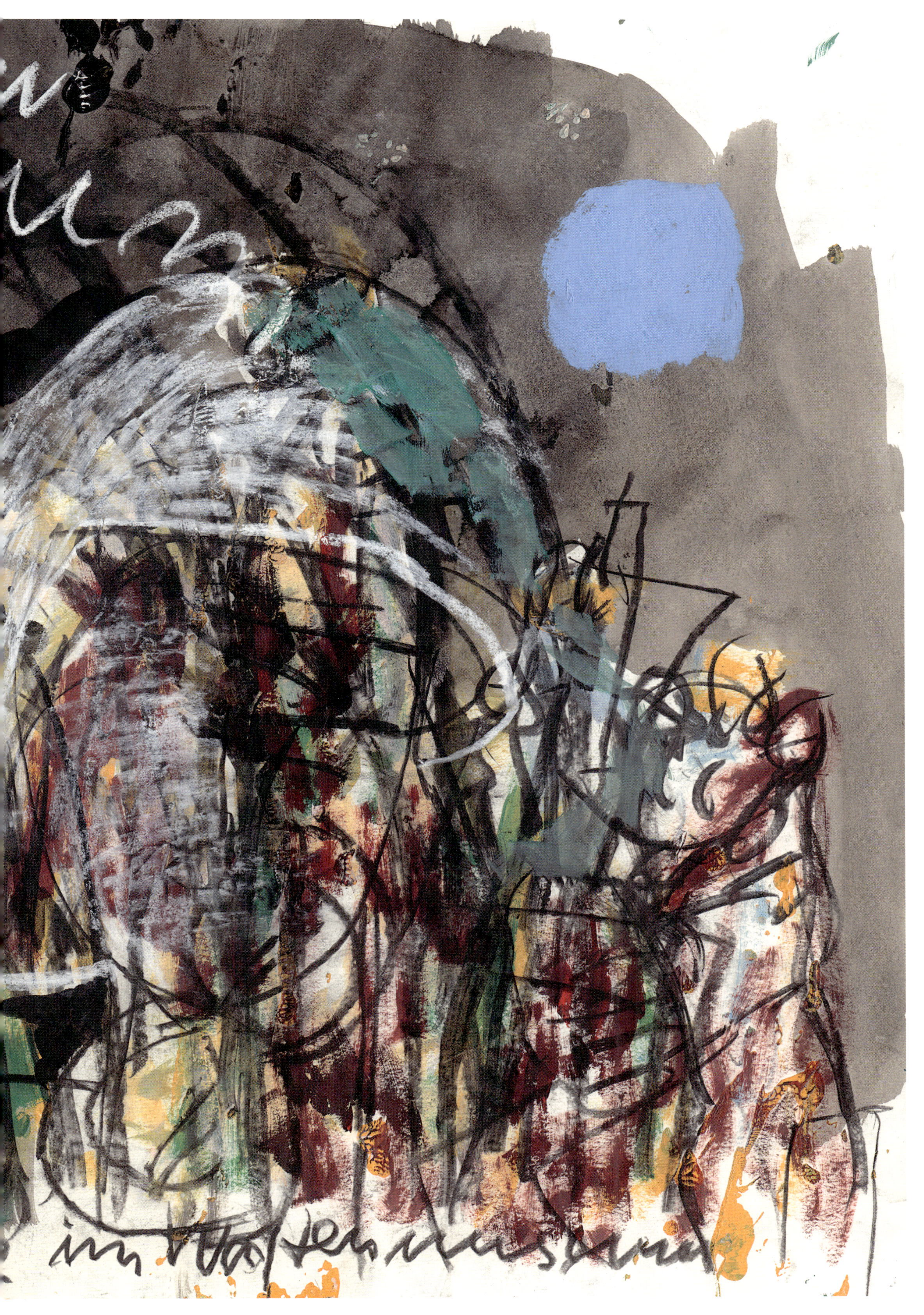

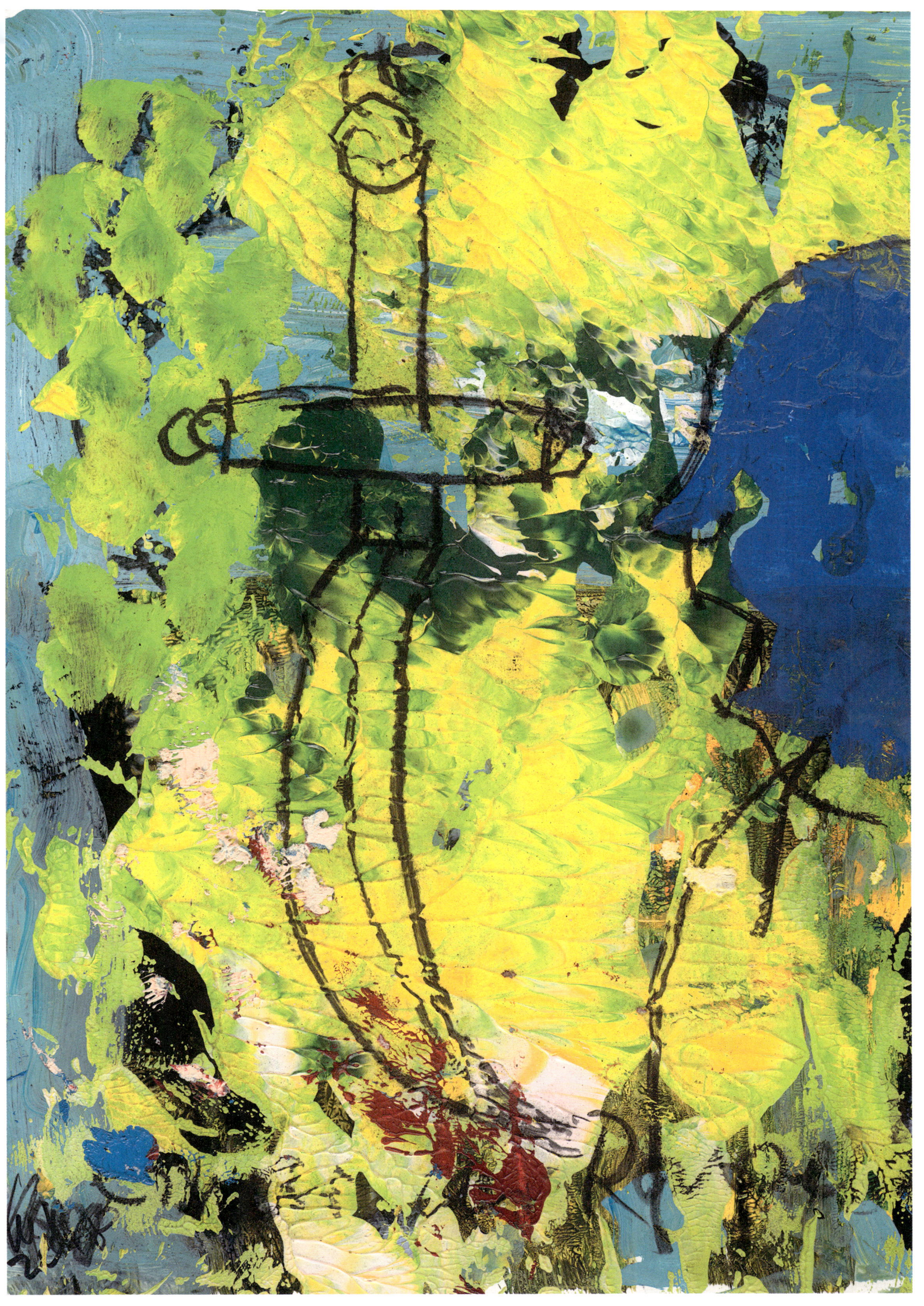

Ein altes Krachgewehr

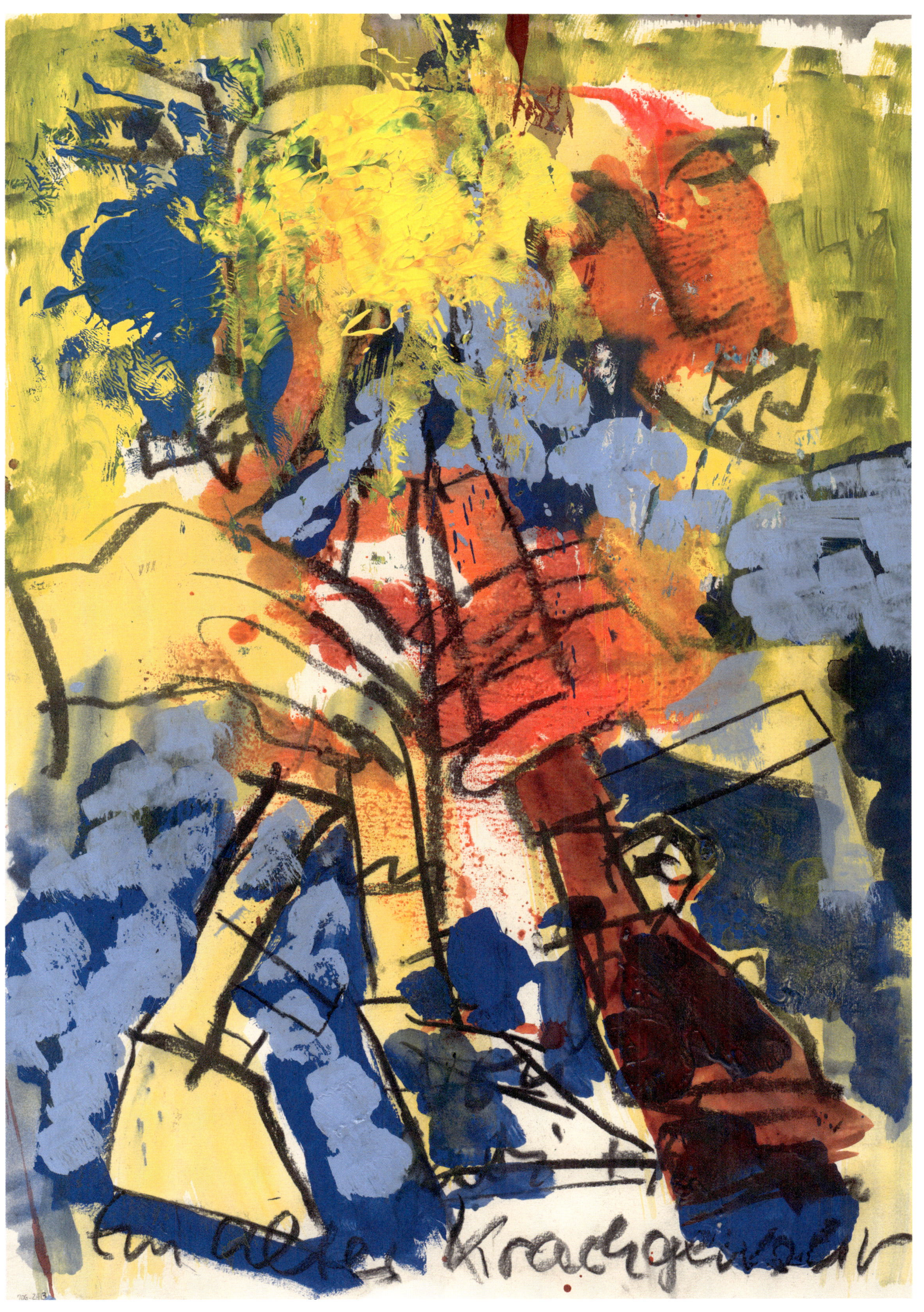
ein alter

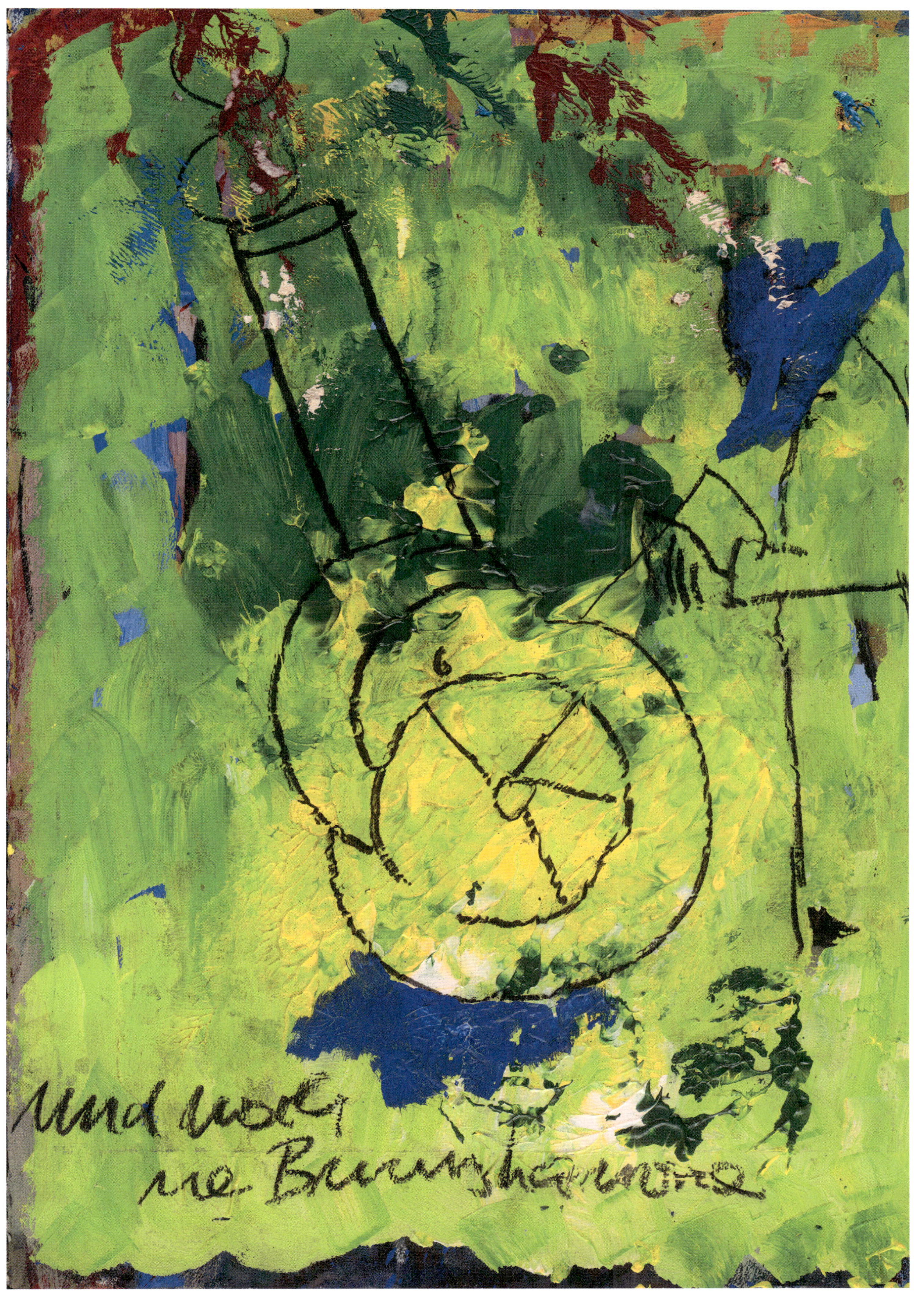

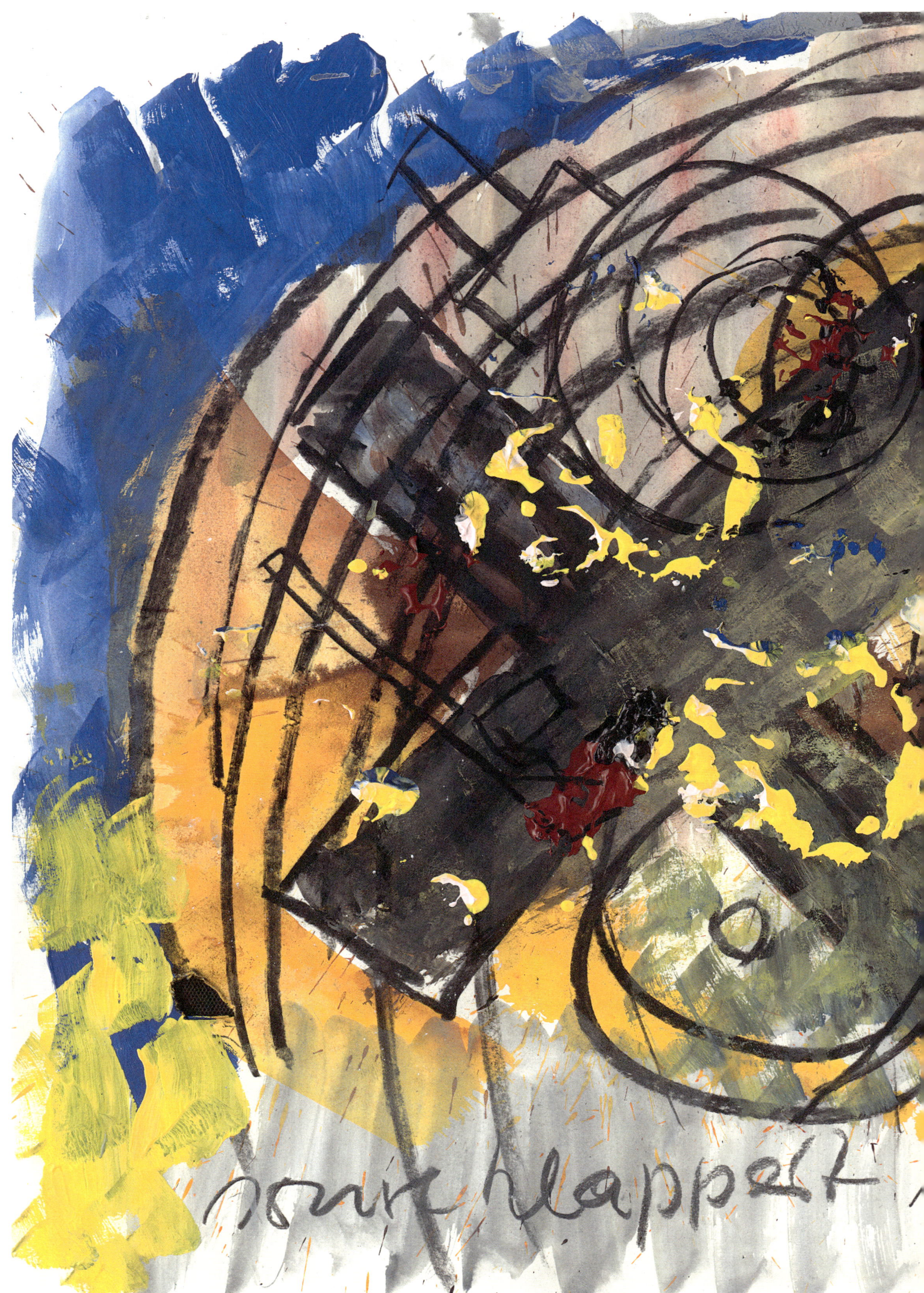

Sonst klappert nirgendwer

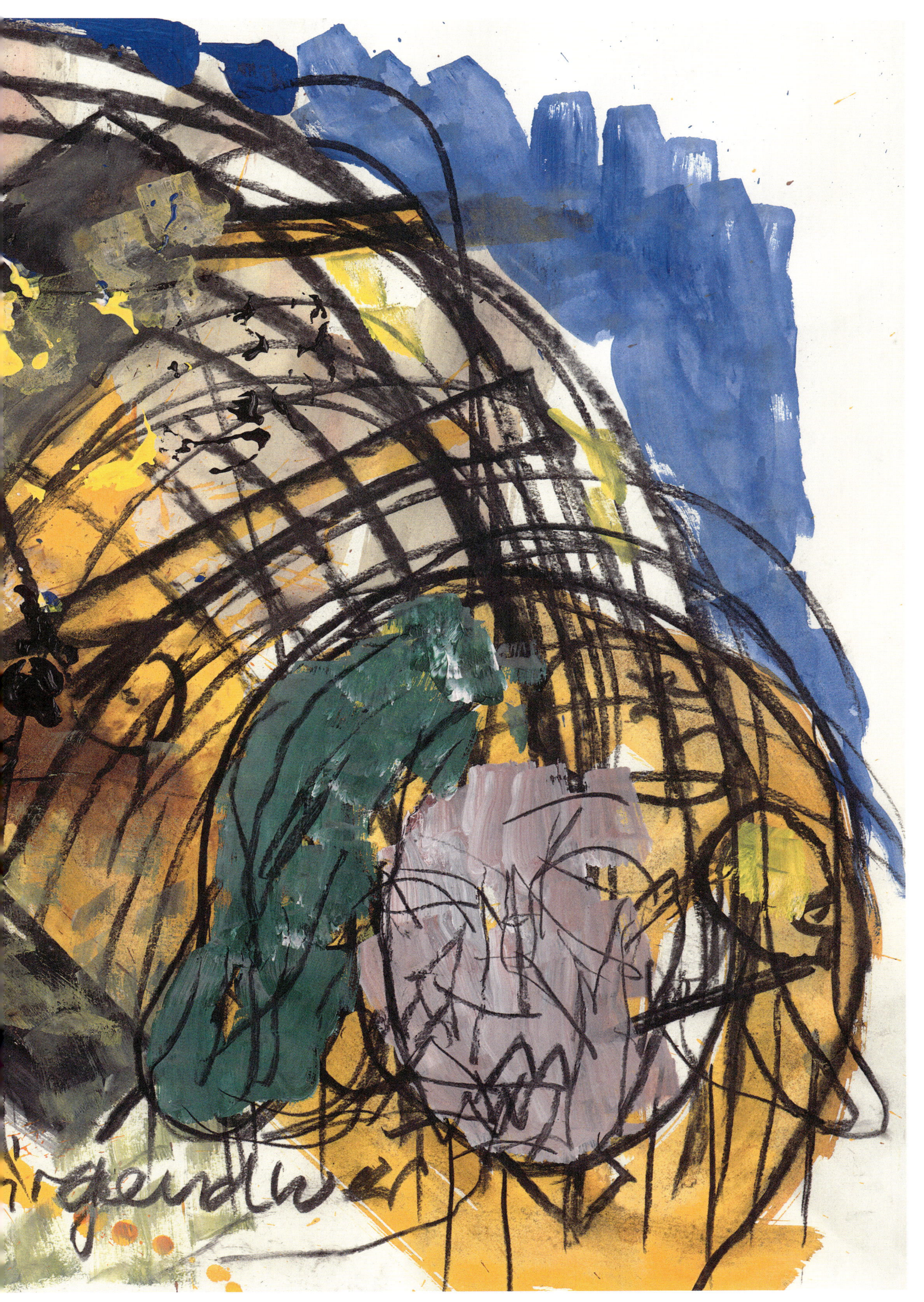

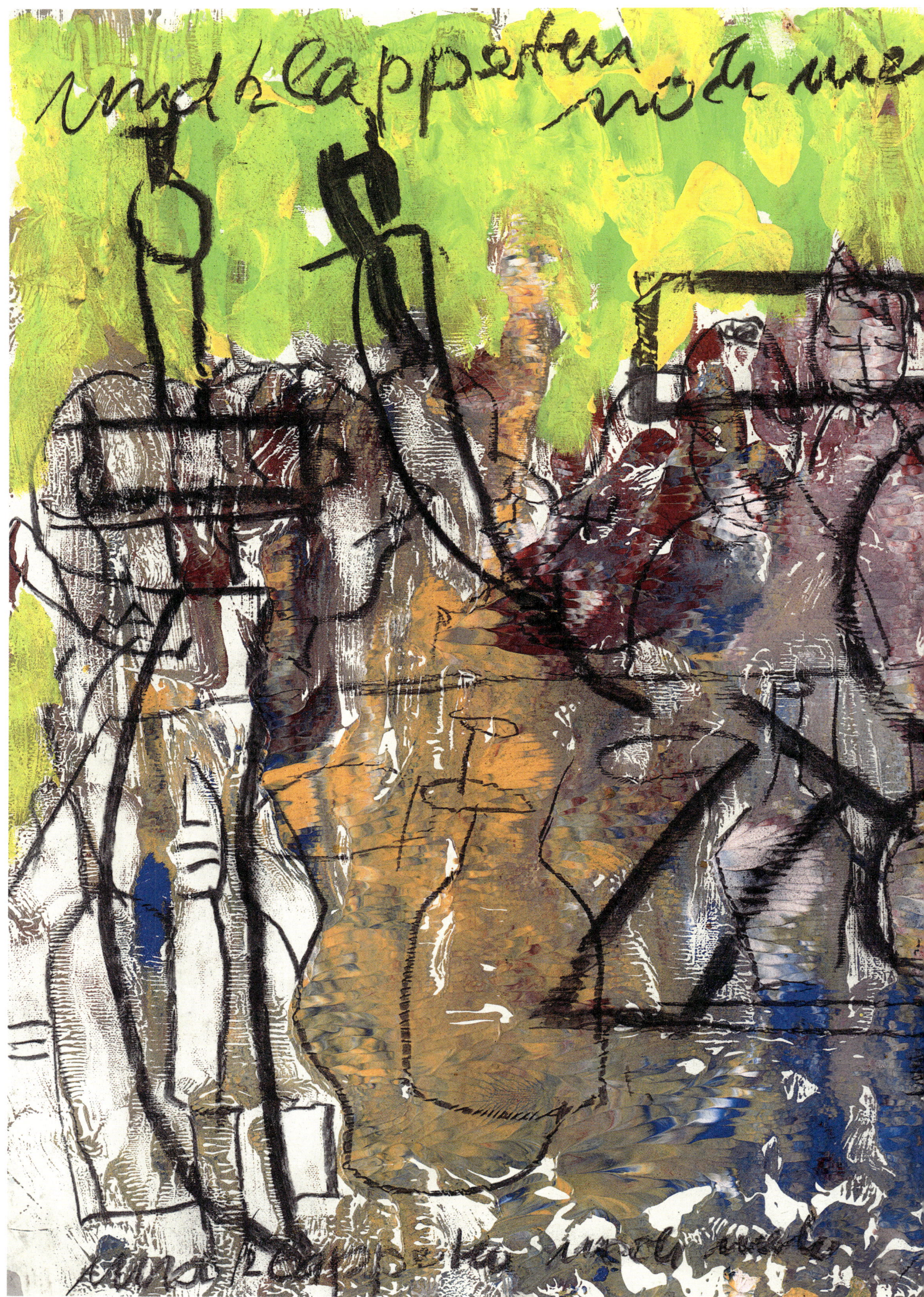

Und klapperten noch mehr / Und gaben furchtbar an

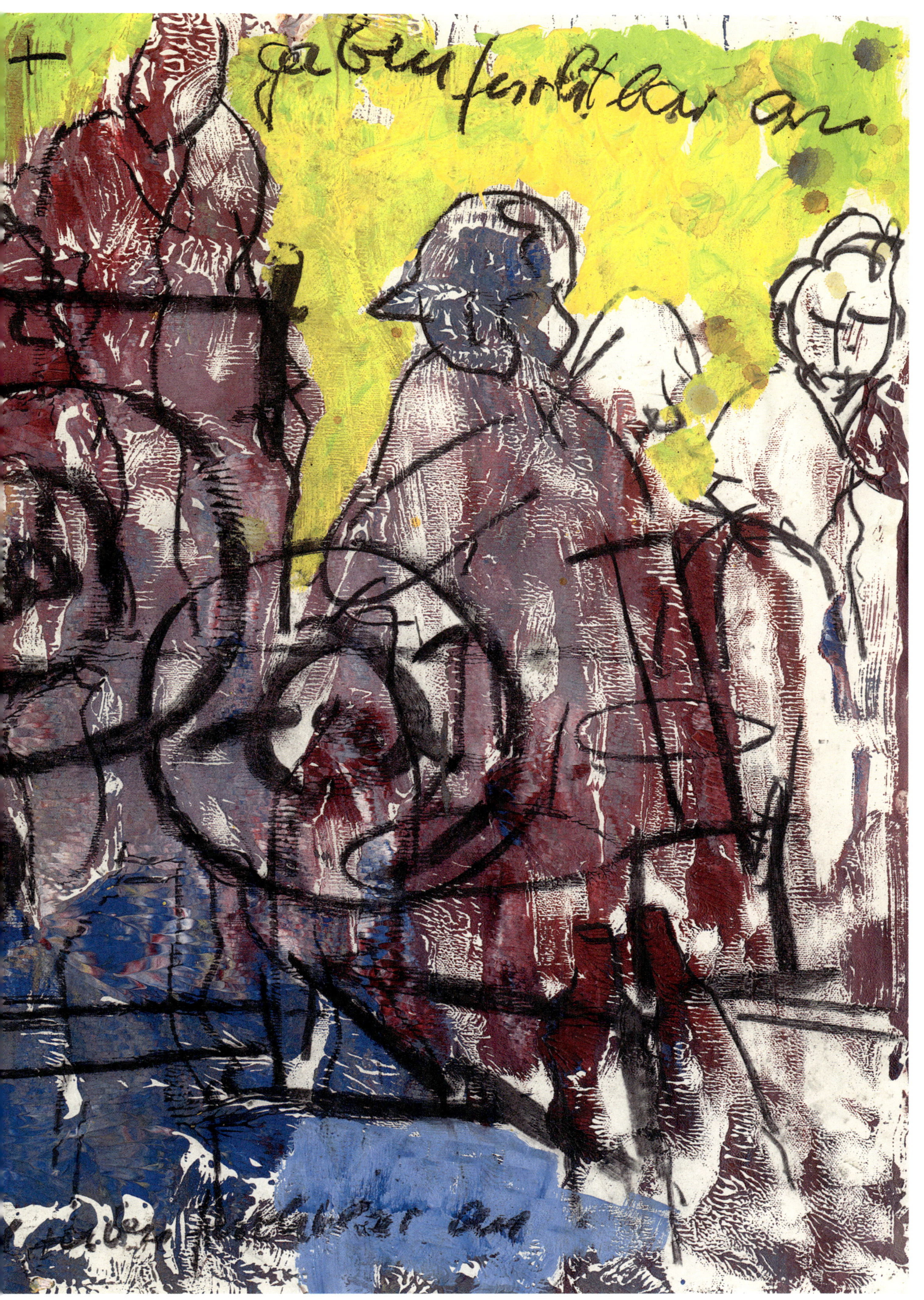

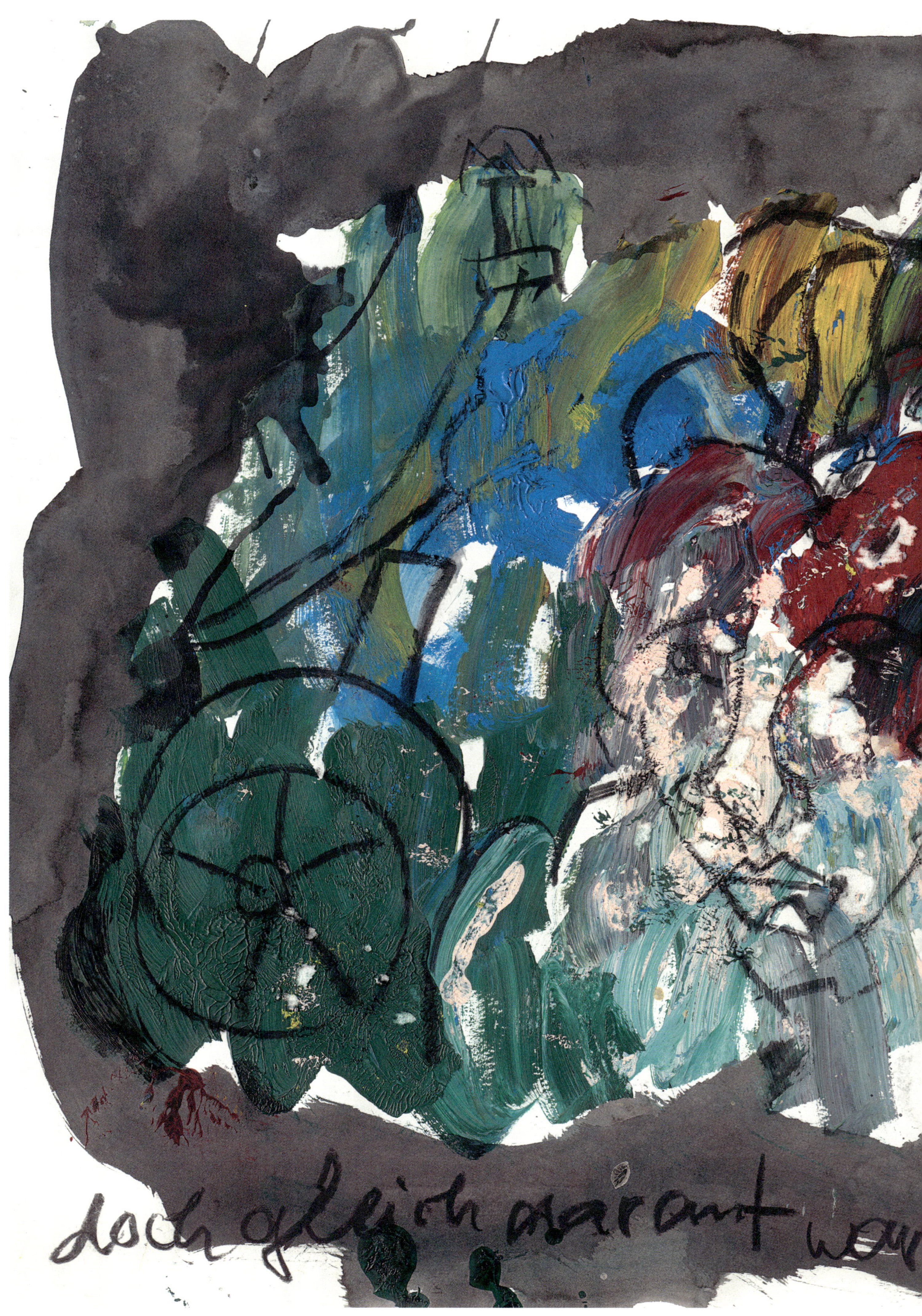

Doch gleich danach warn sie / Mit einer Beichte dran

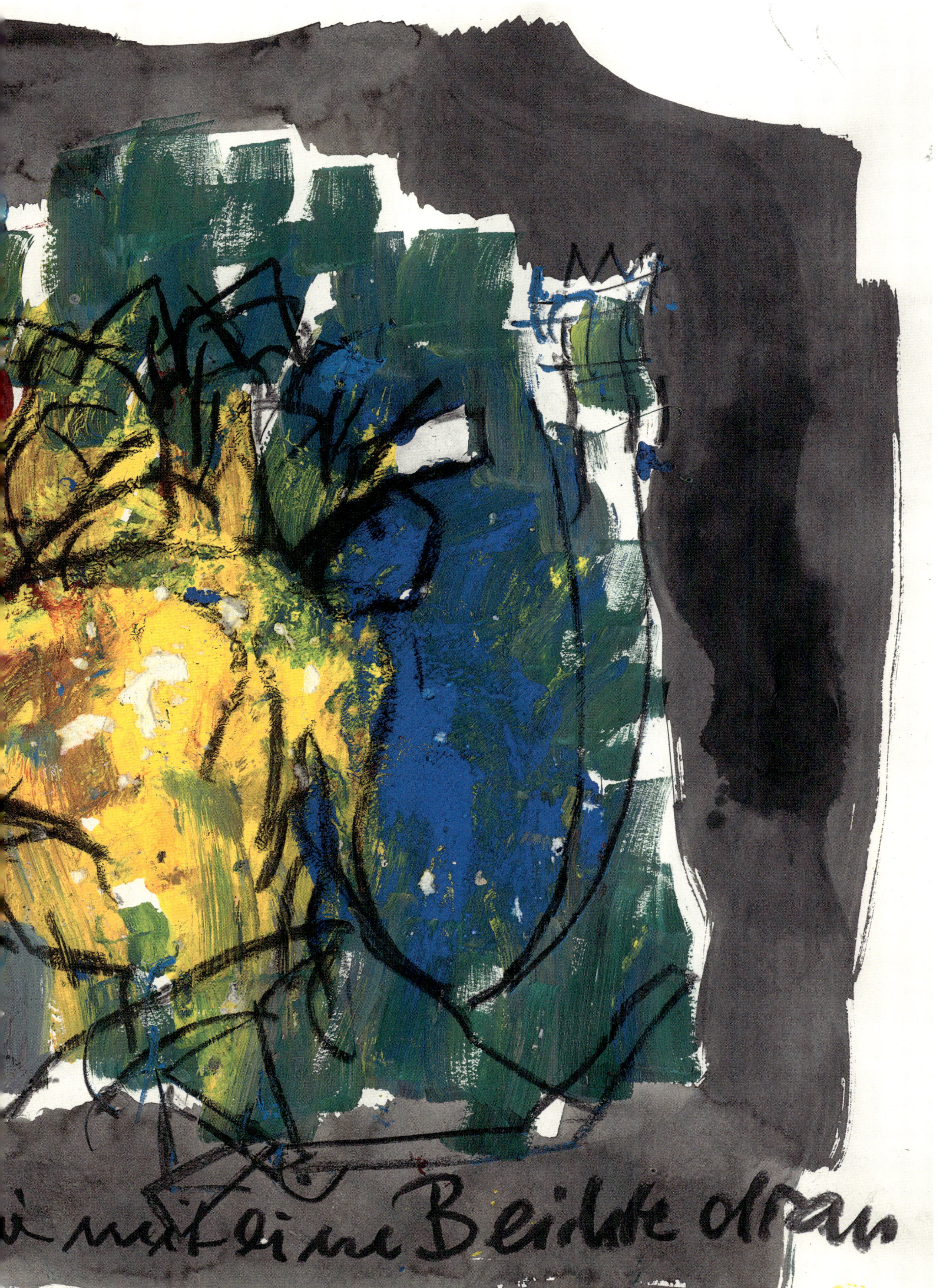
mit einer Beichte dran

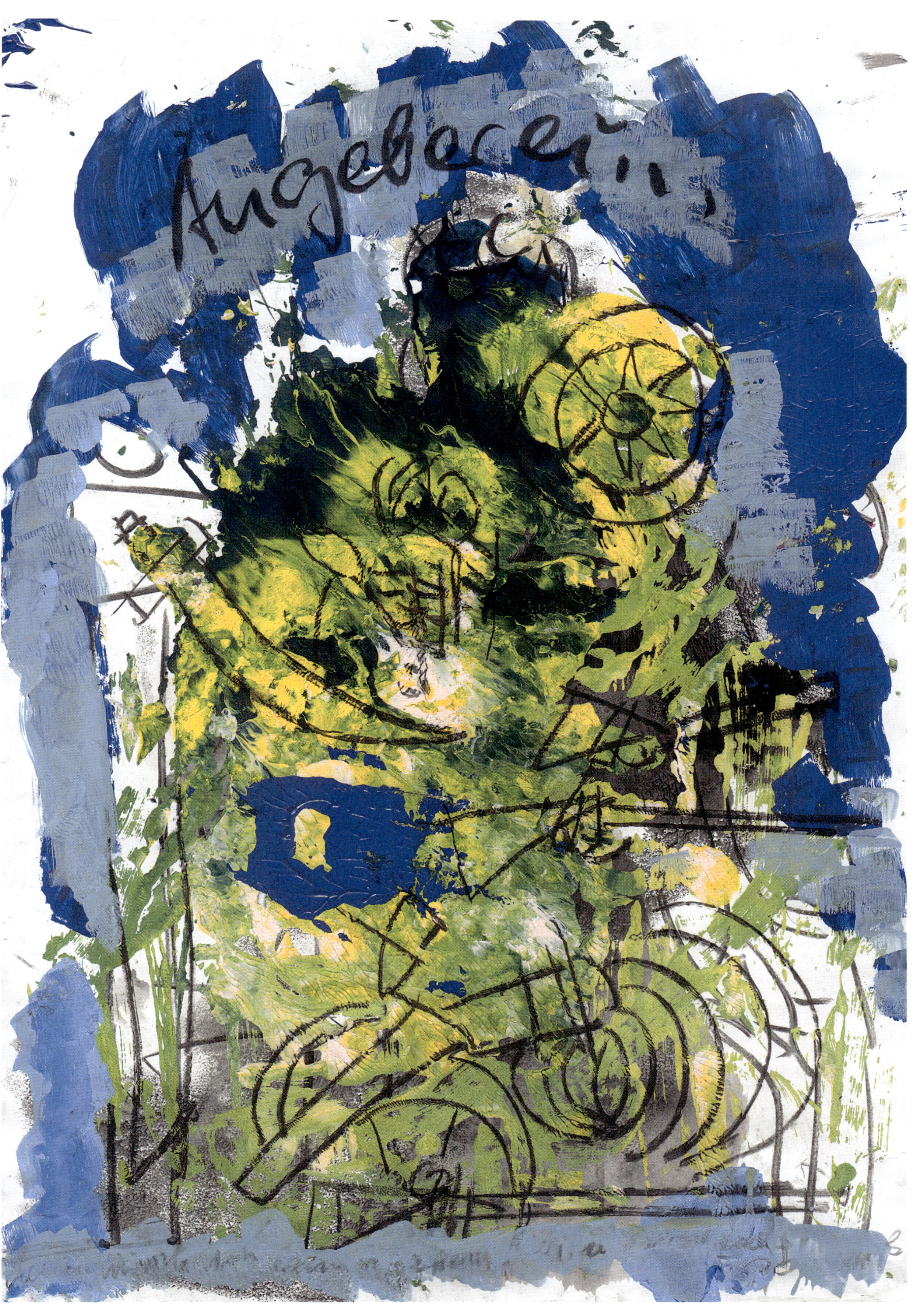
Angeboren...

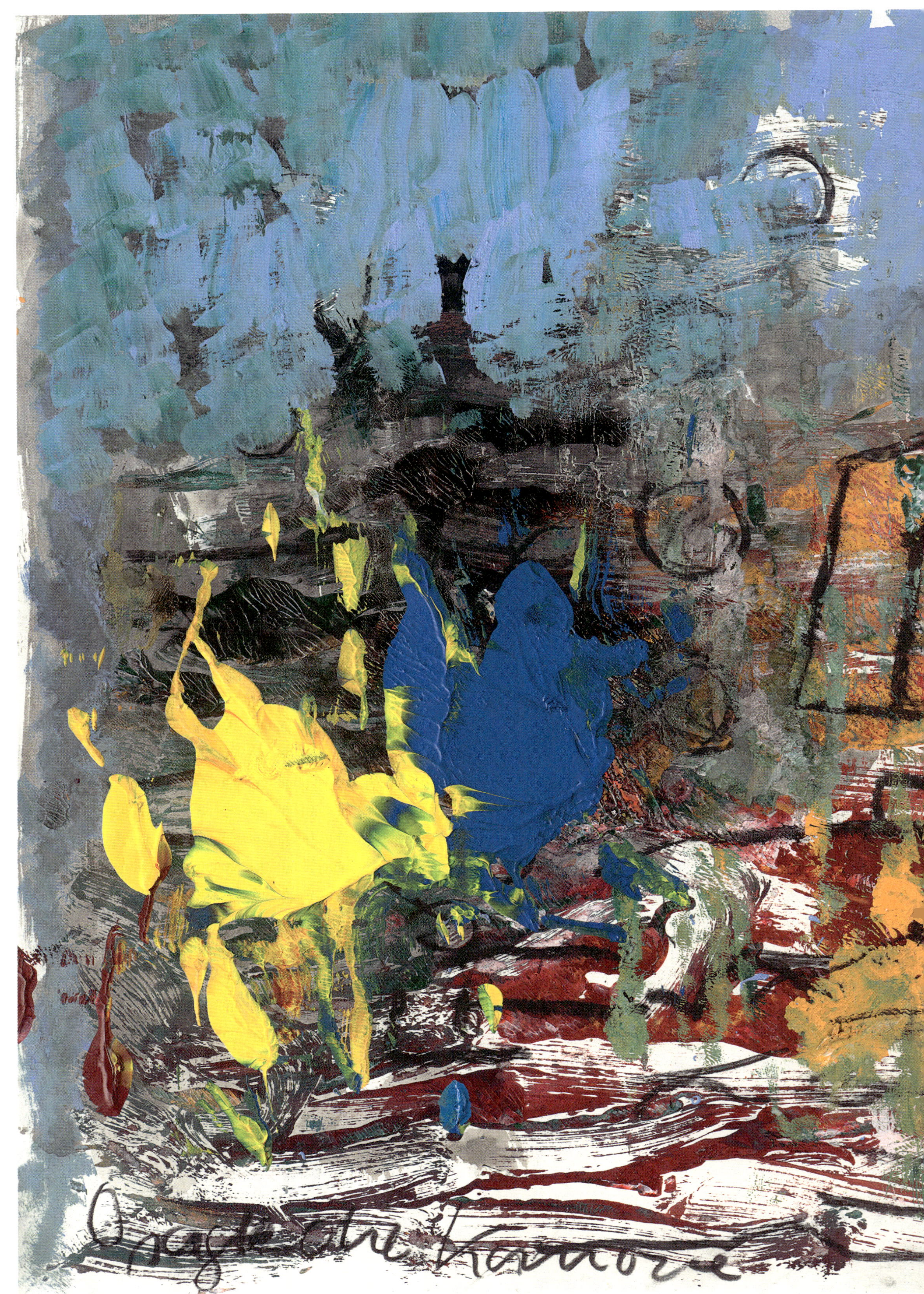

O sagte die Kanone / Ich macht nur einmal bum

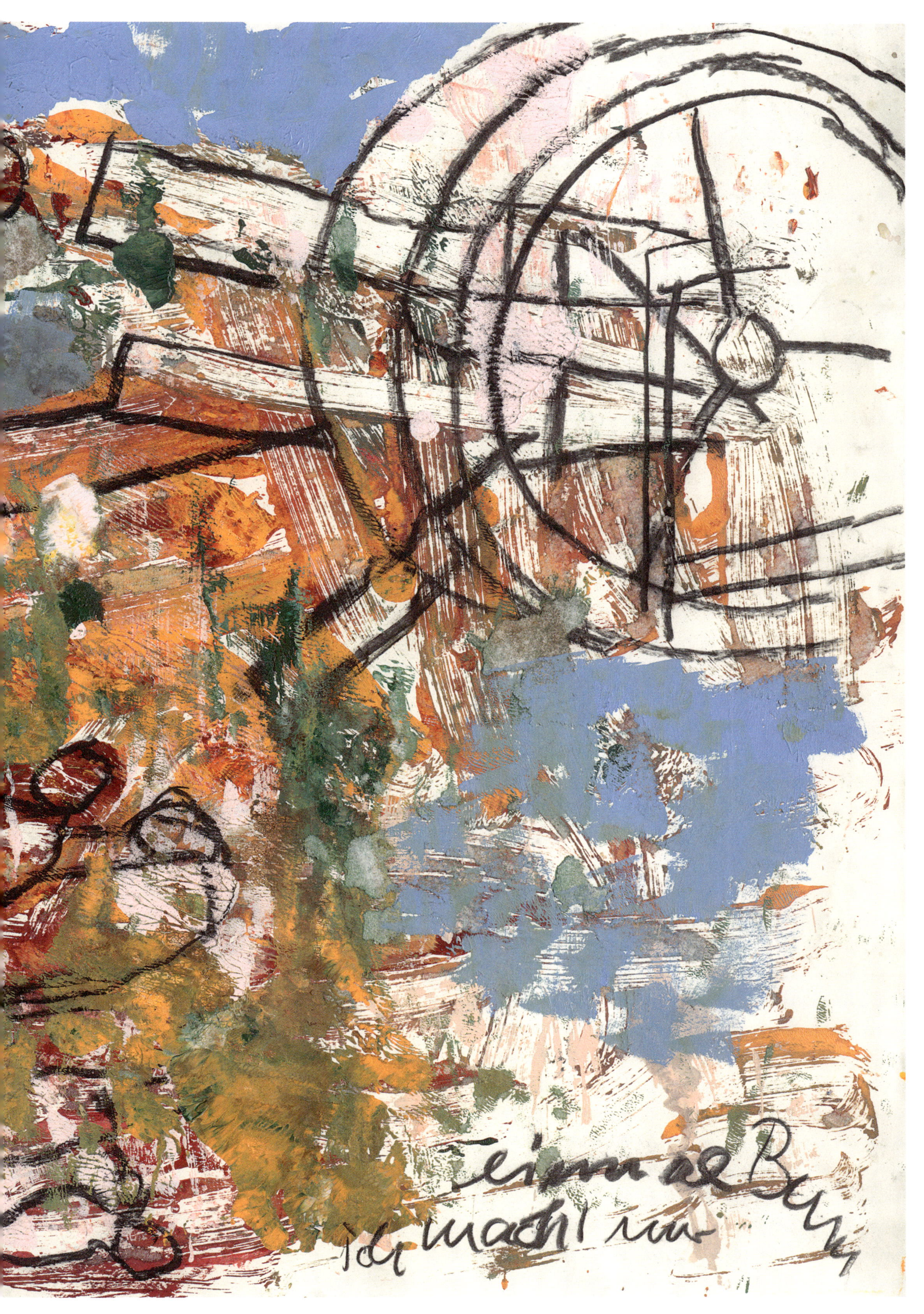

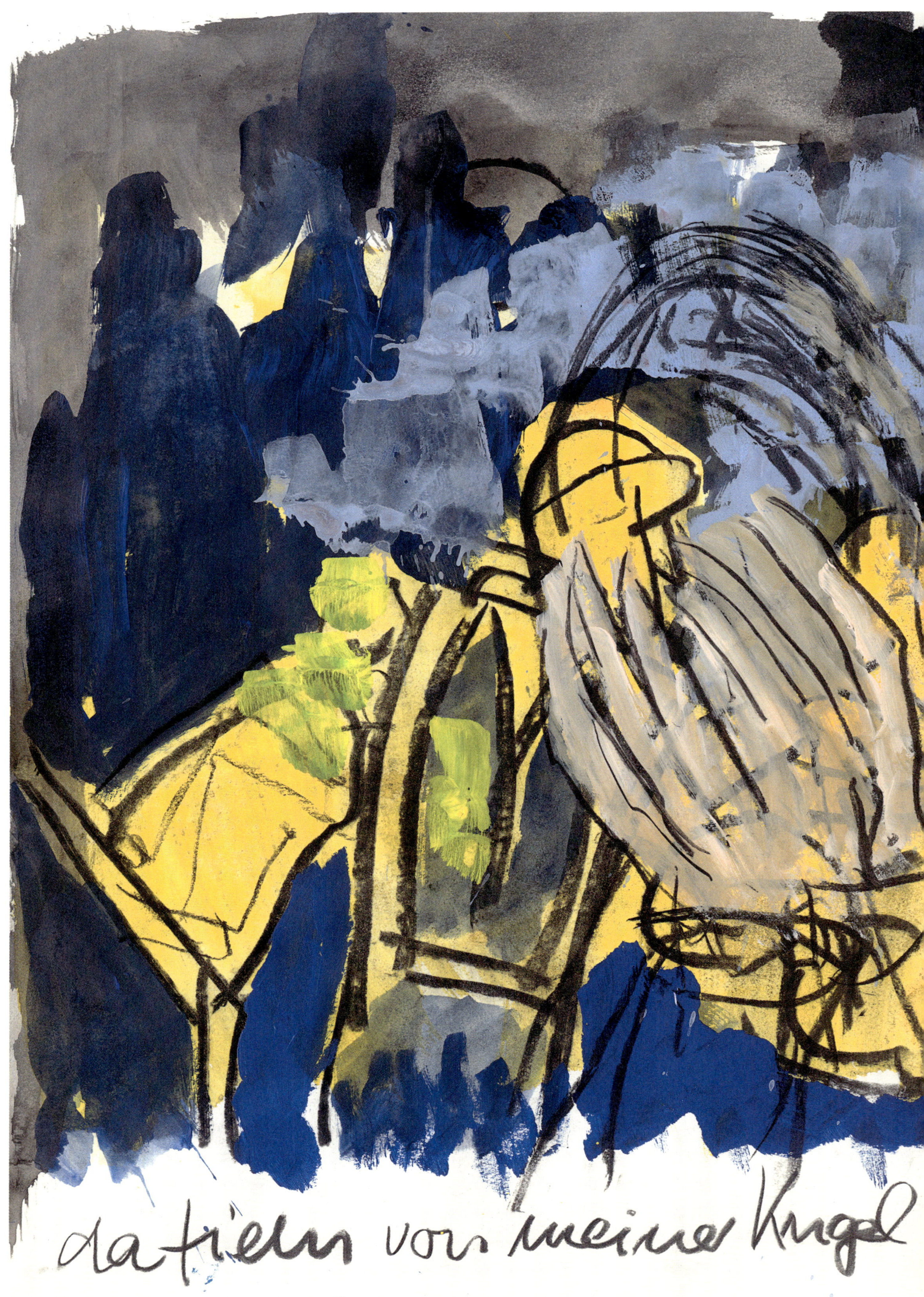

Da fieln von meiner Kugel / Zehn Regimenter um

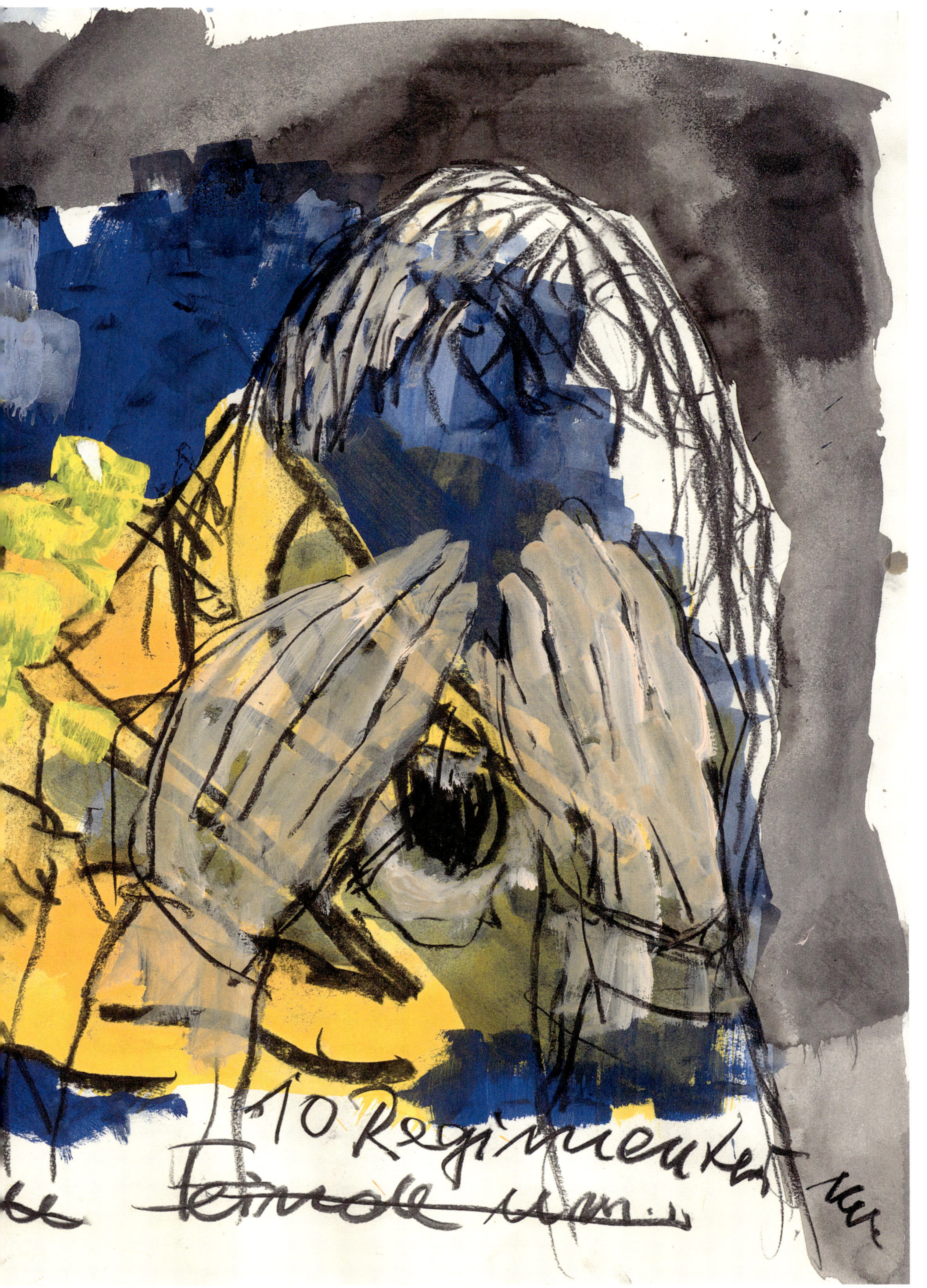
10 Regimenter

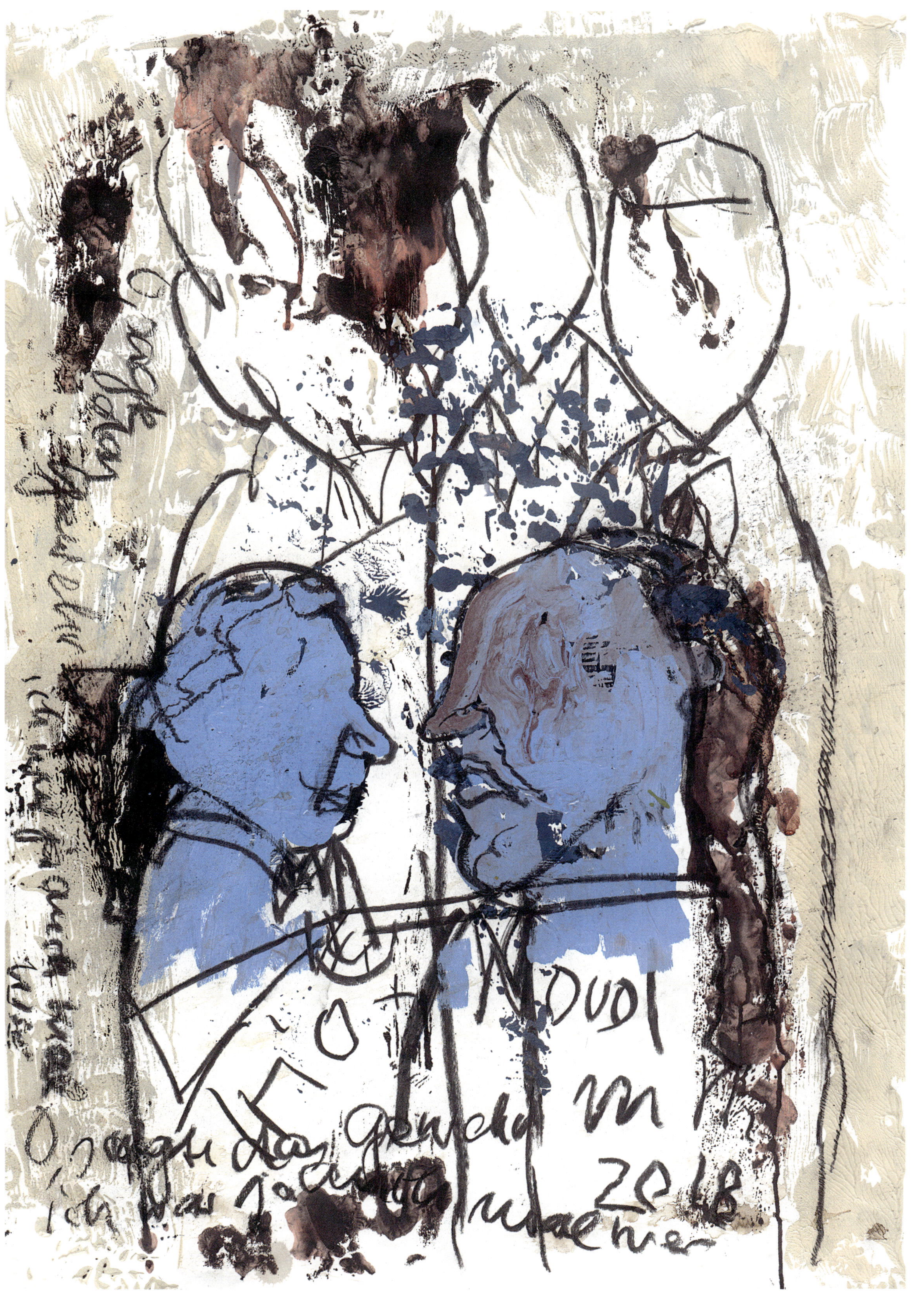

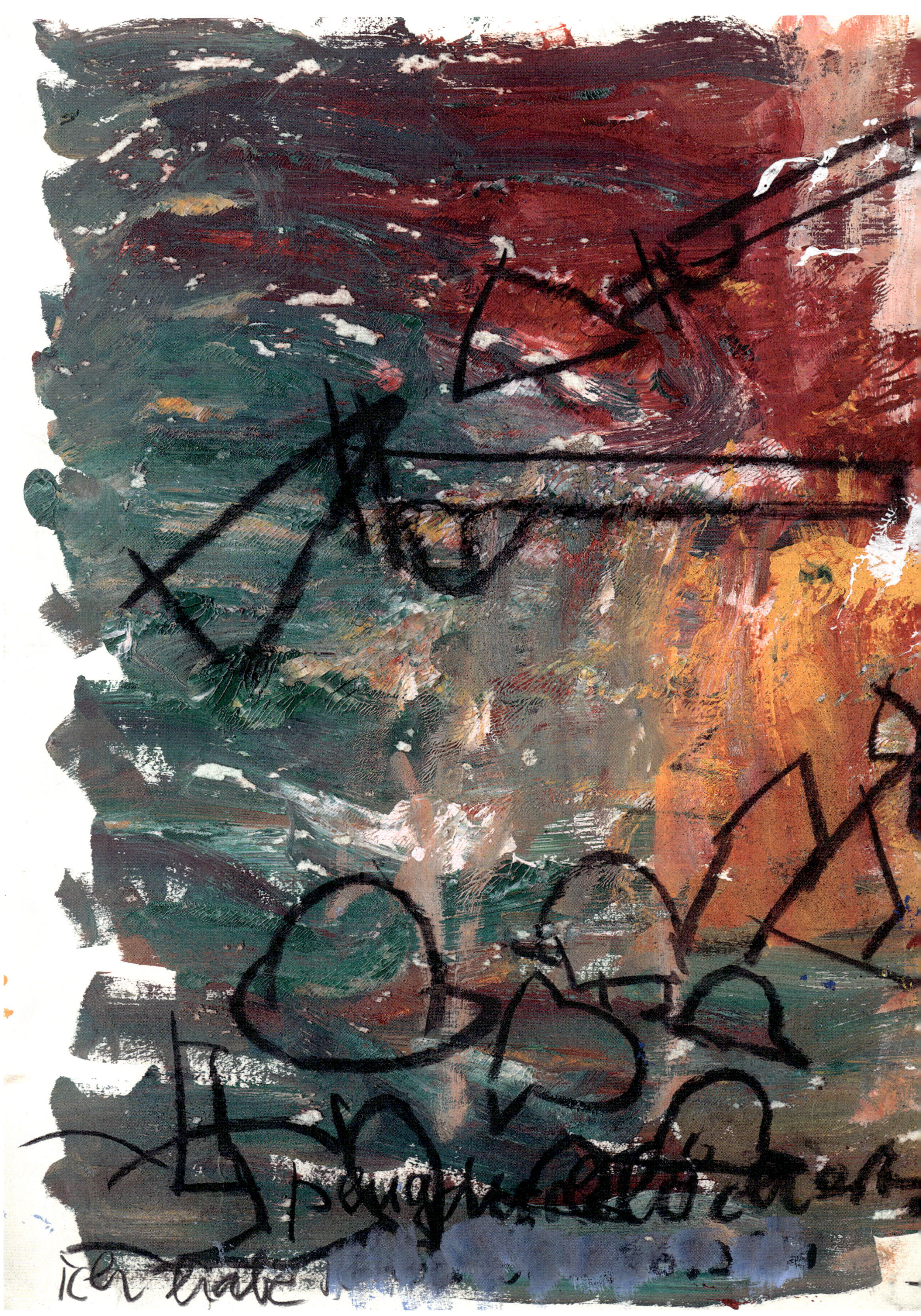

Ich habe peng durchlöchert / Das Stadt und noch das Heer

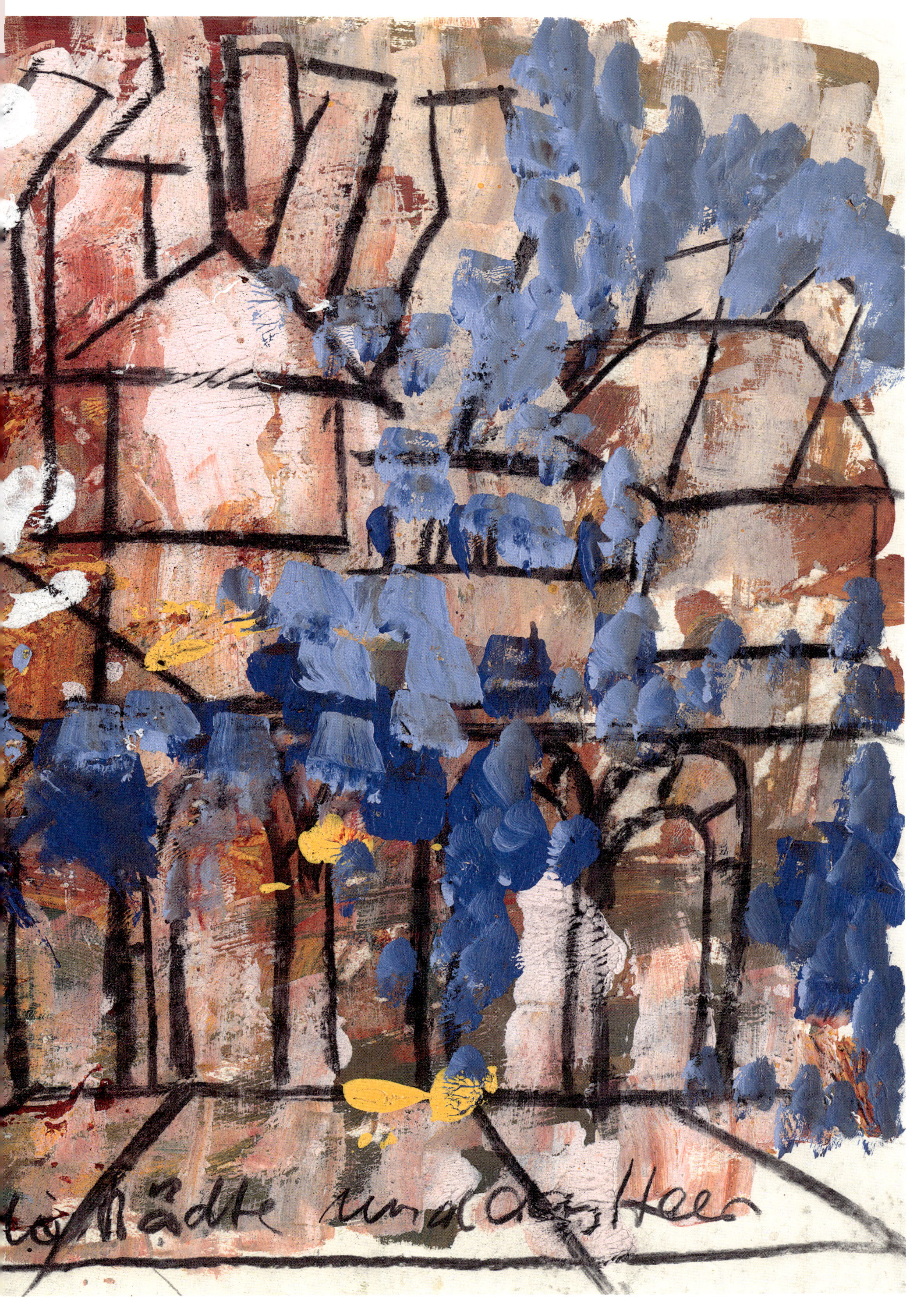
Städte und das Meer

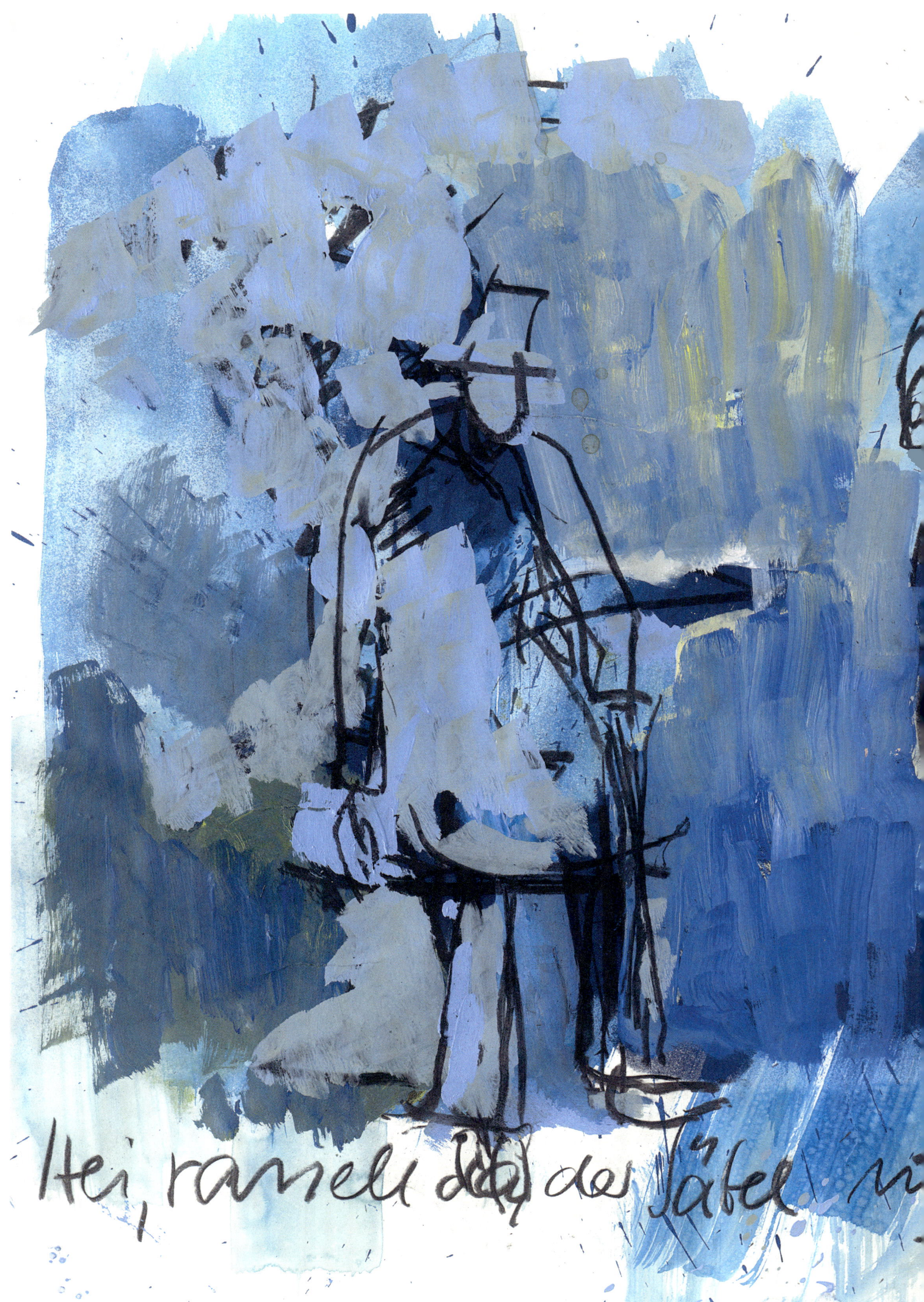

Hei rasselt da der Säbel / Mit einem Hieb ich hab

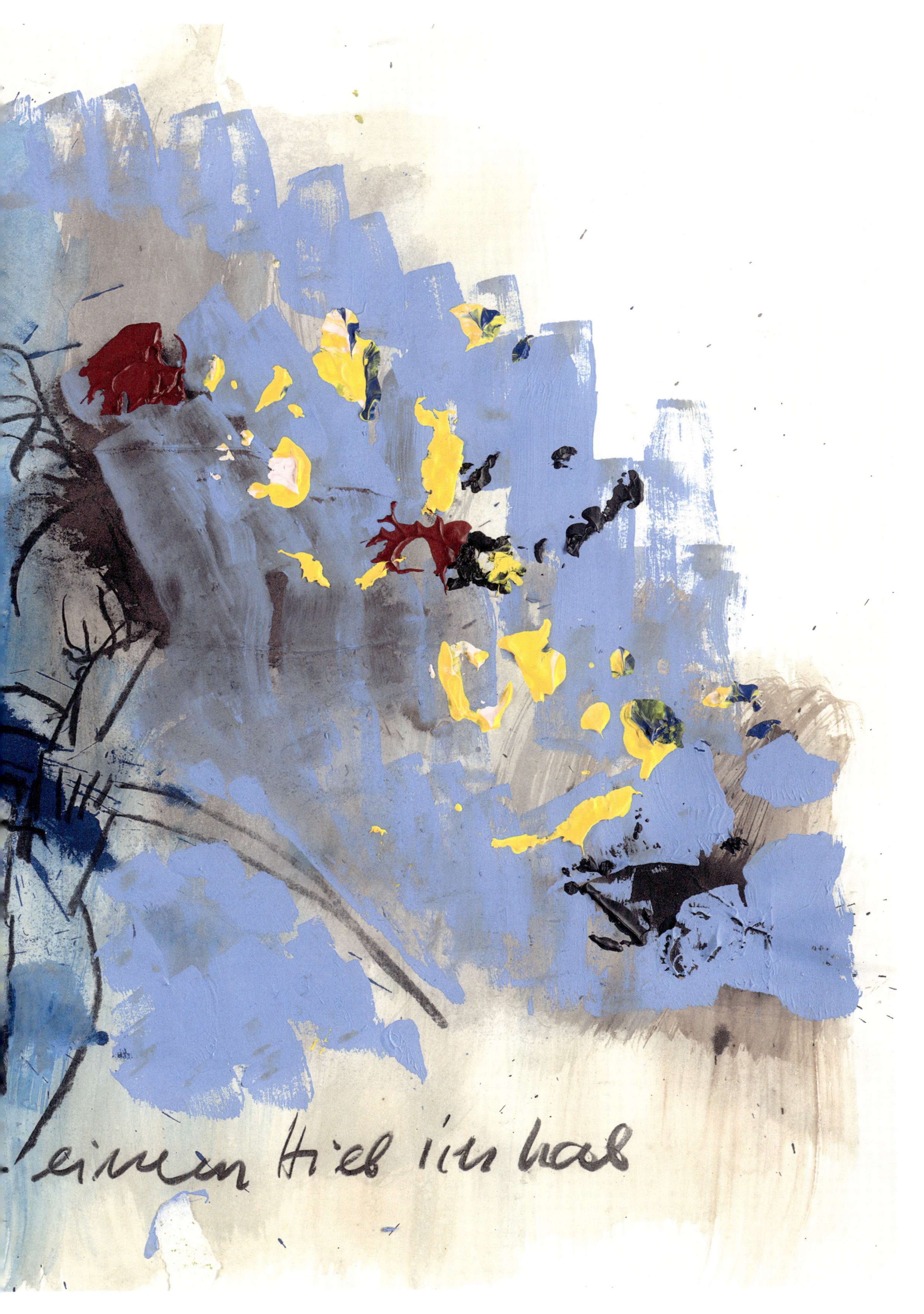
einen Hieb ich hab

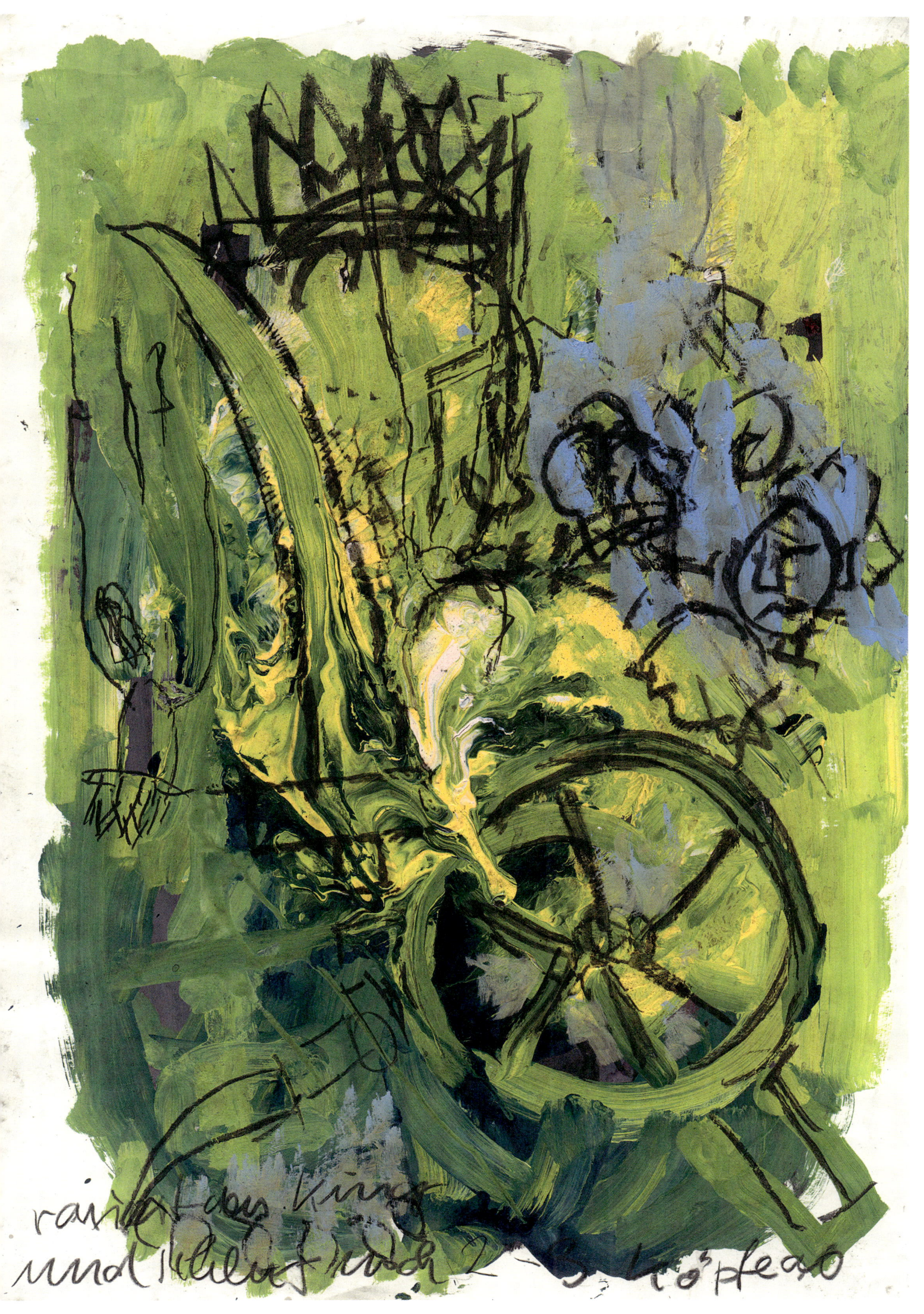

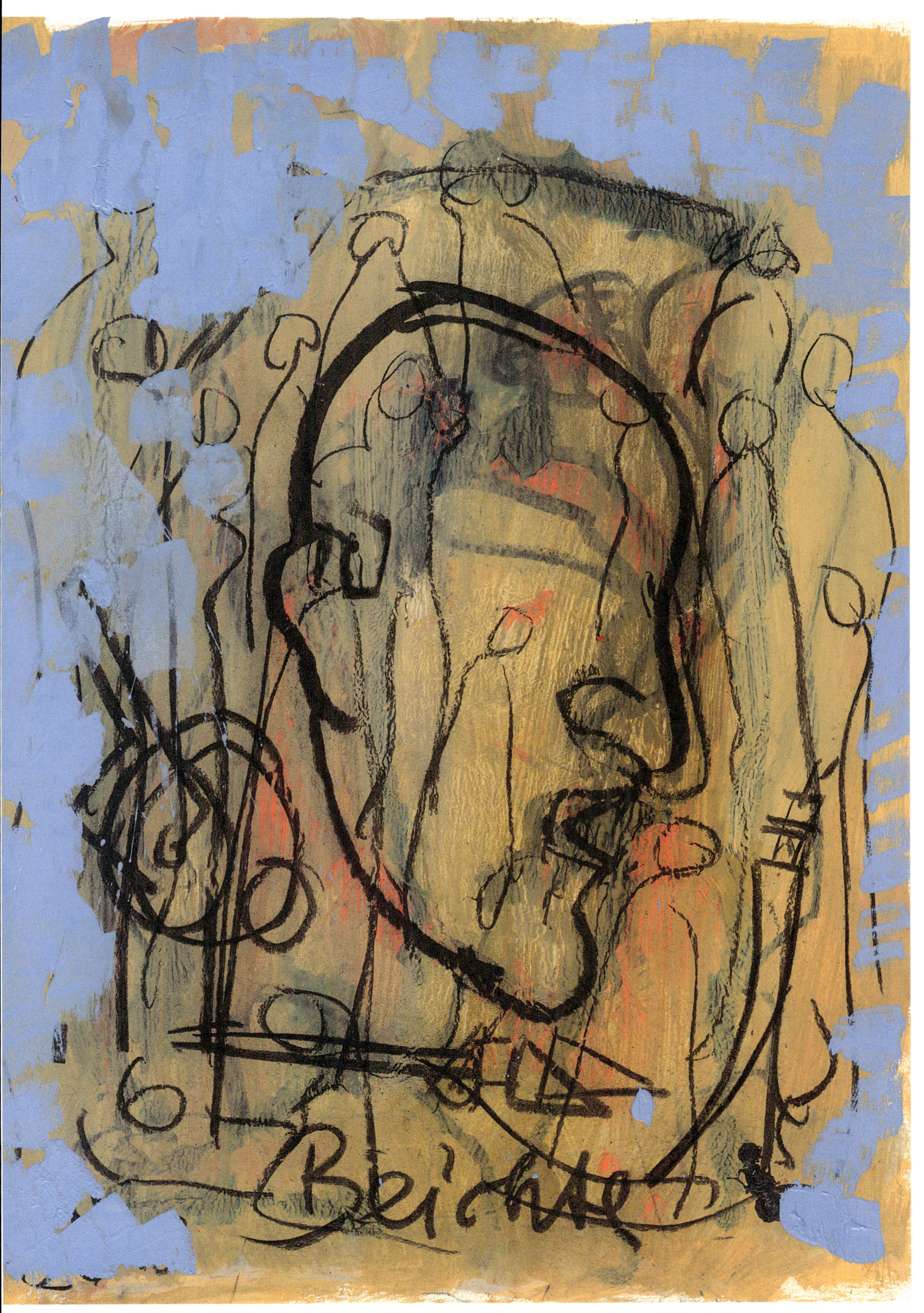
Beichte

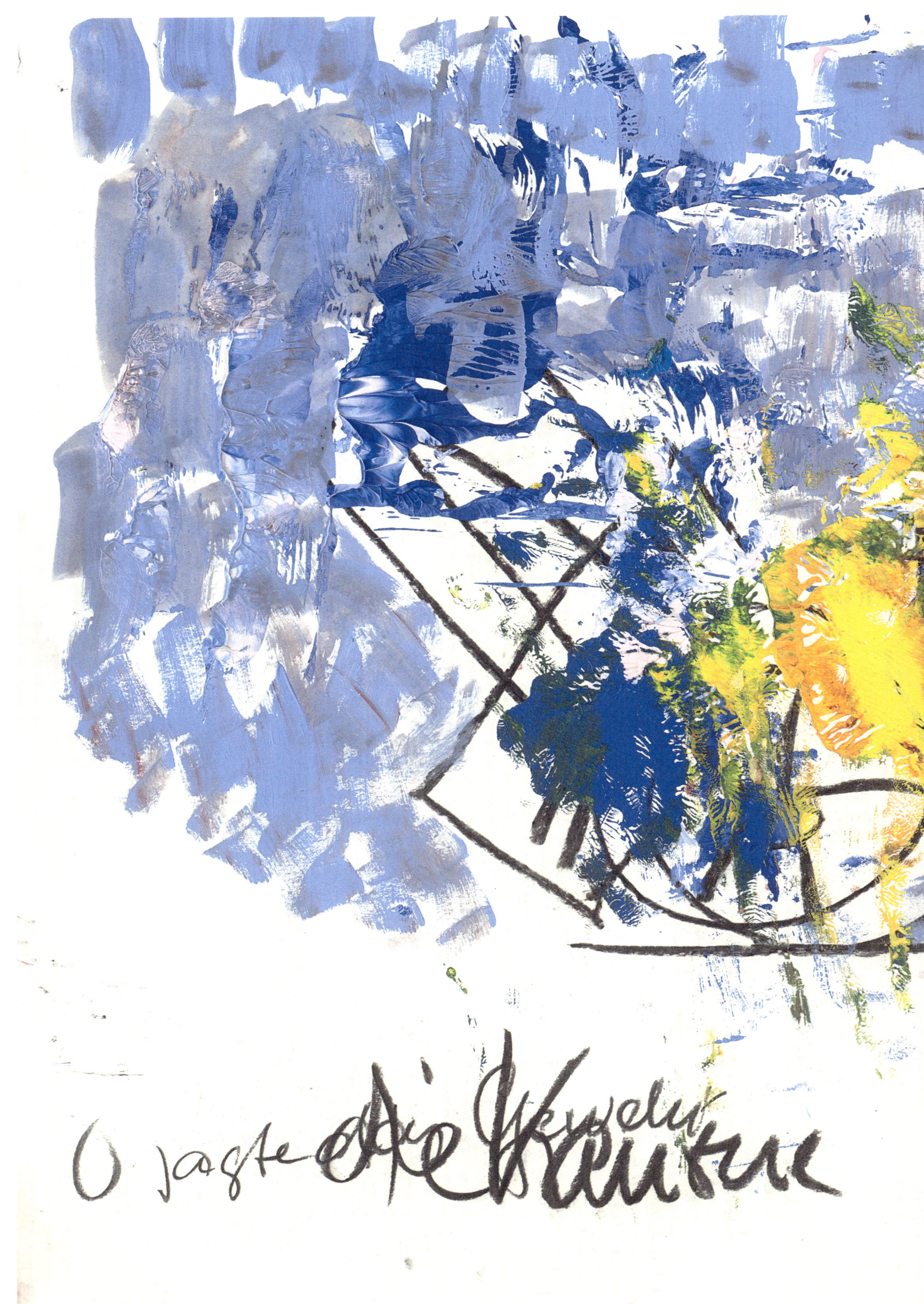
O sagte die Kanone

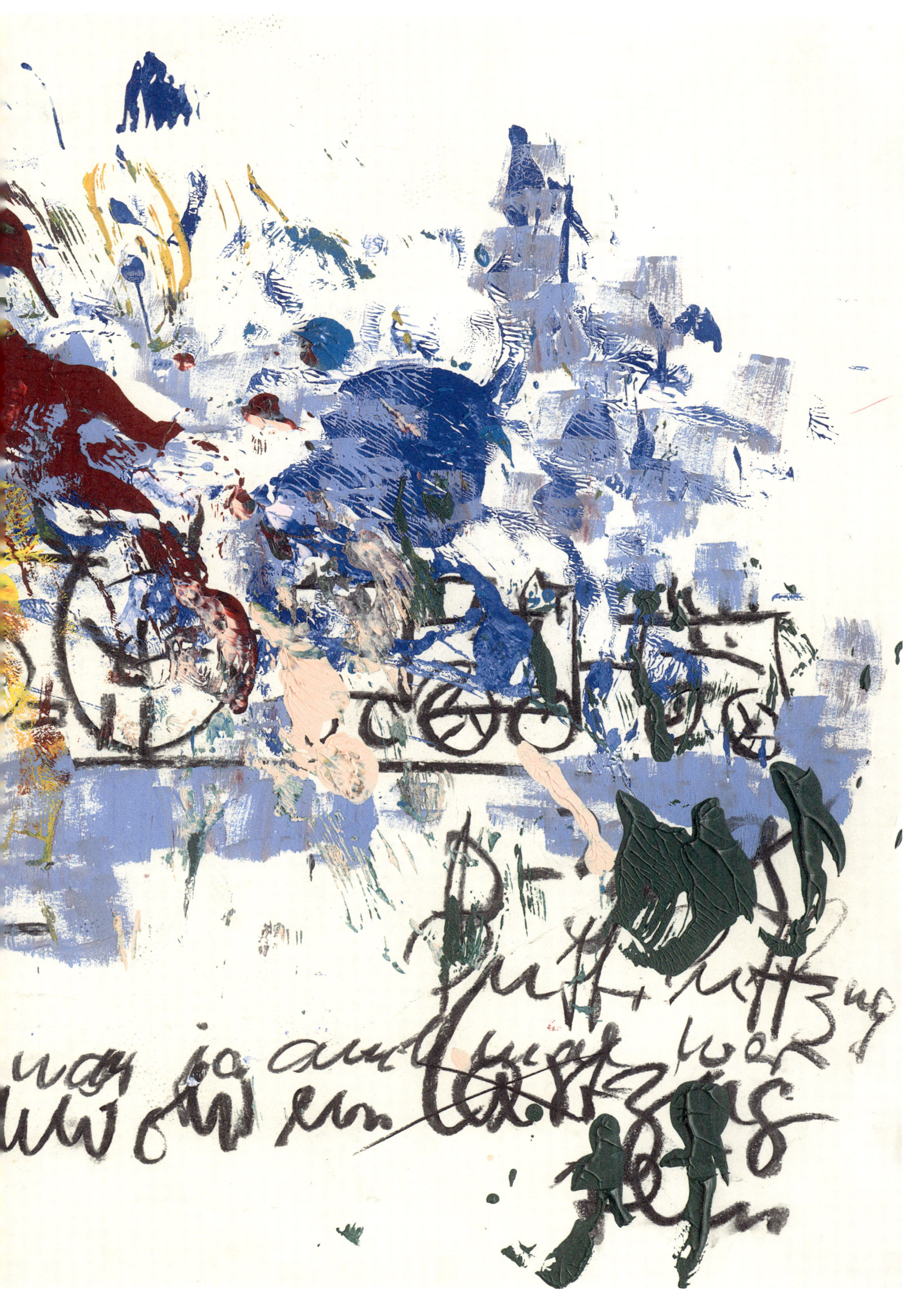

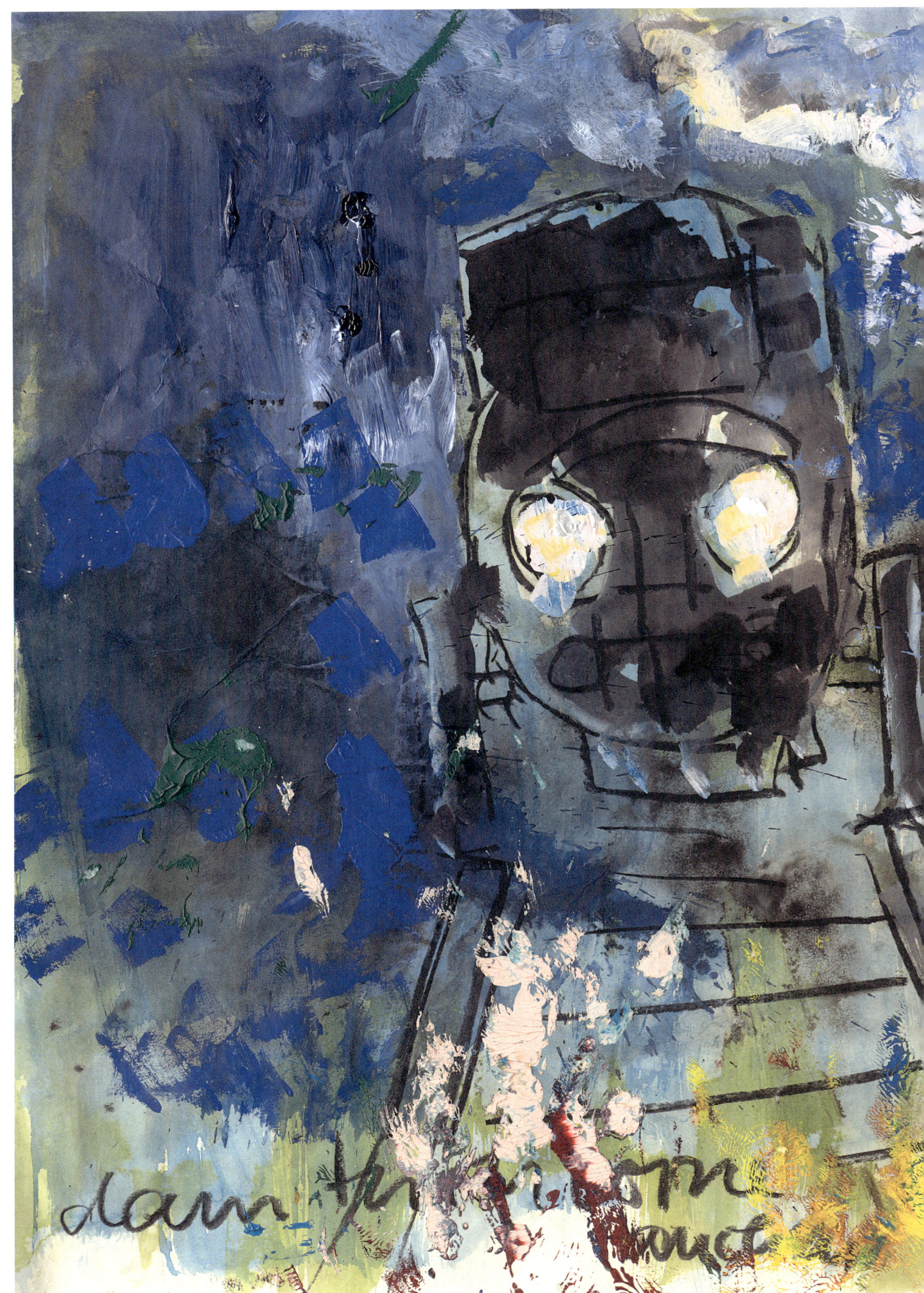

Dann tu ich vorne rauchen / Und lass das schießen sein

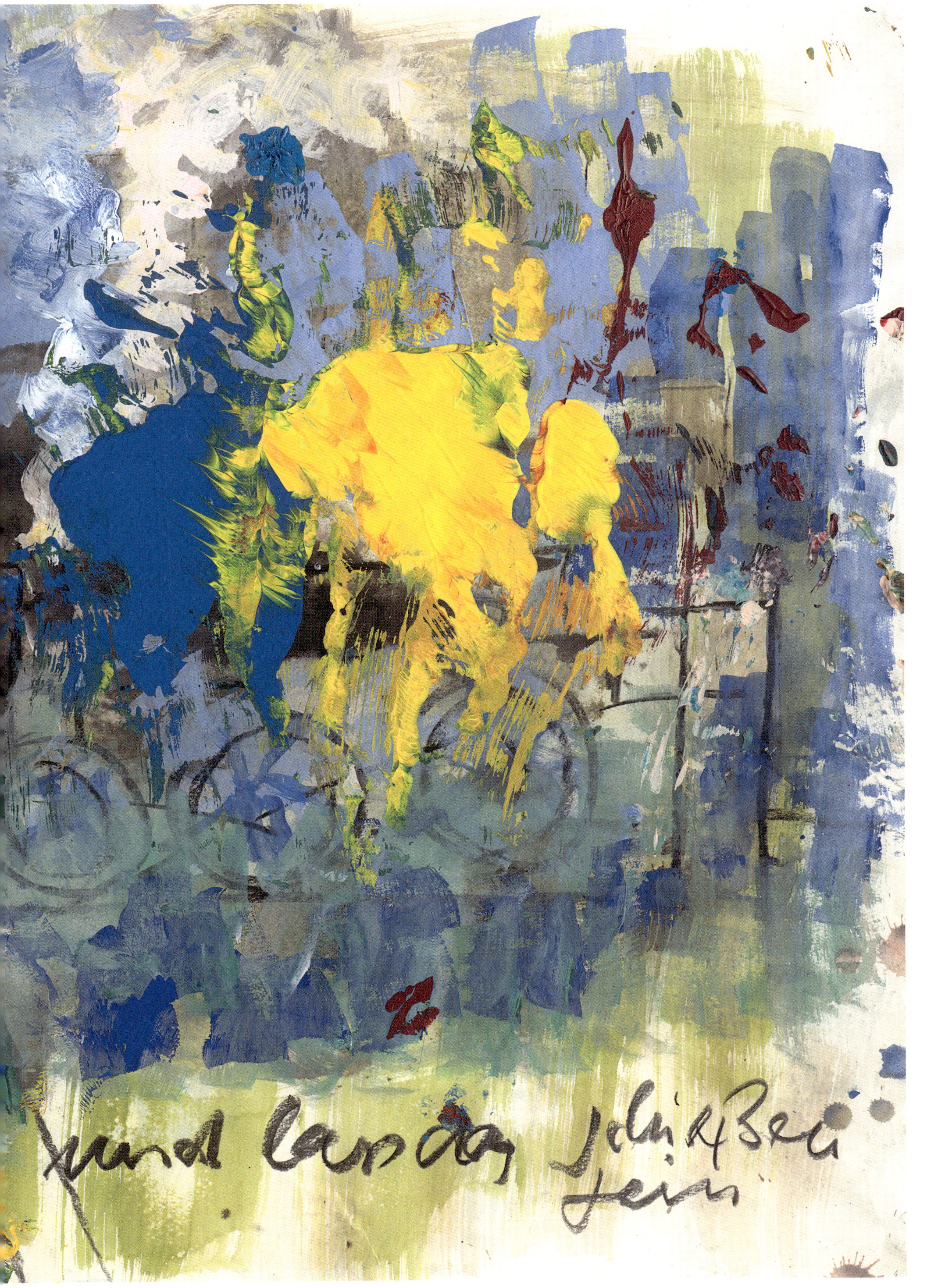
und lass das schließen
sein

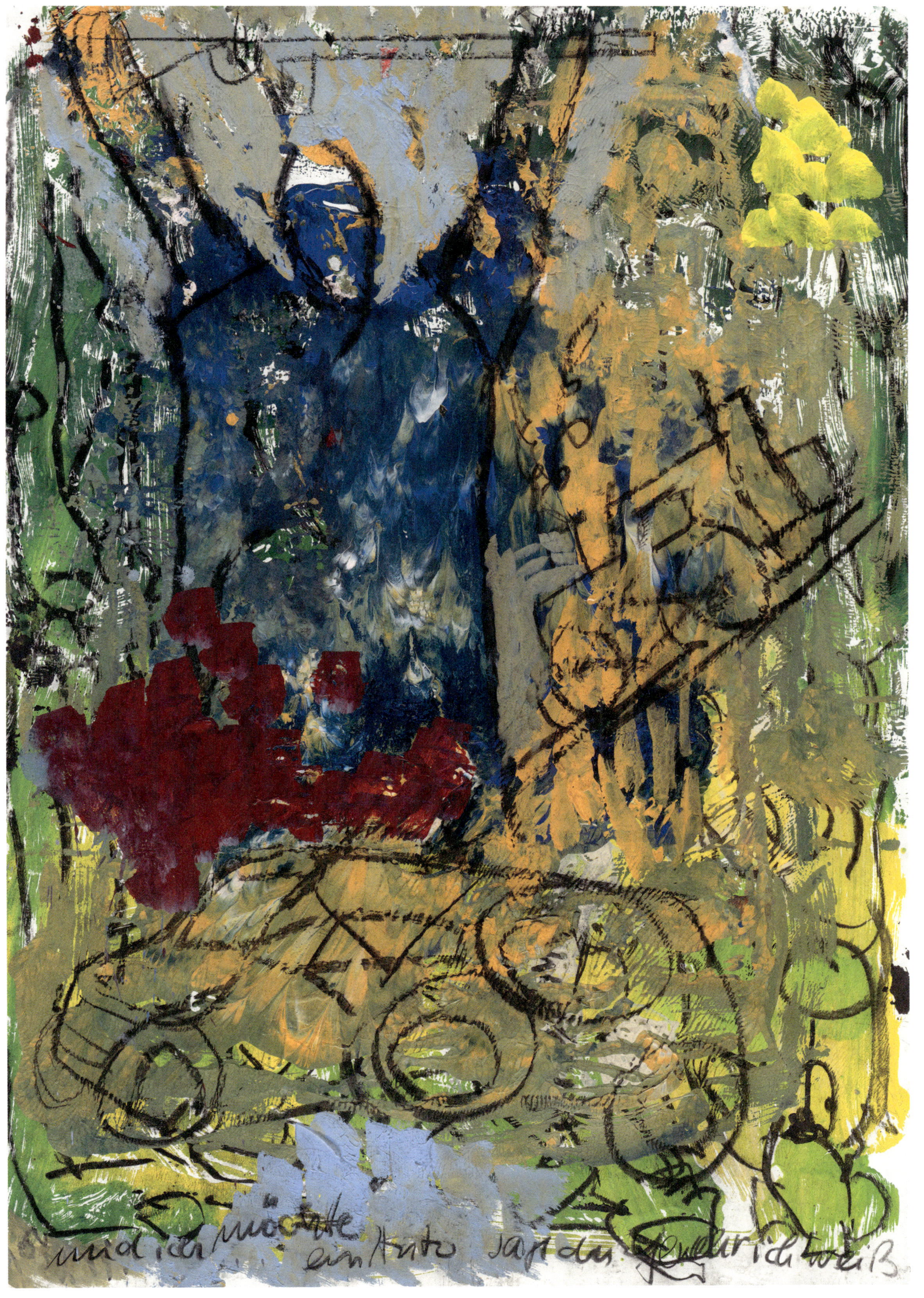
und ich möchte ein Auto sagt der

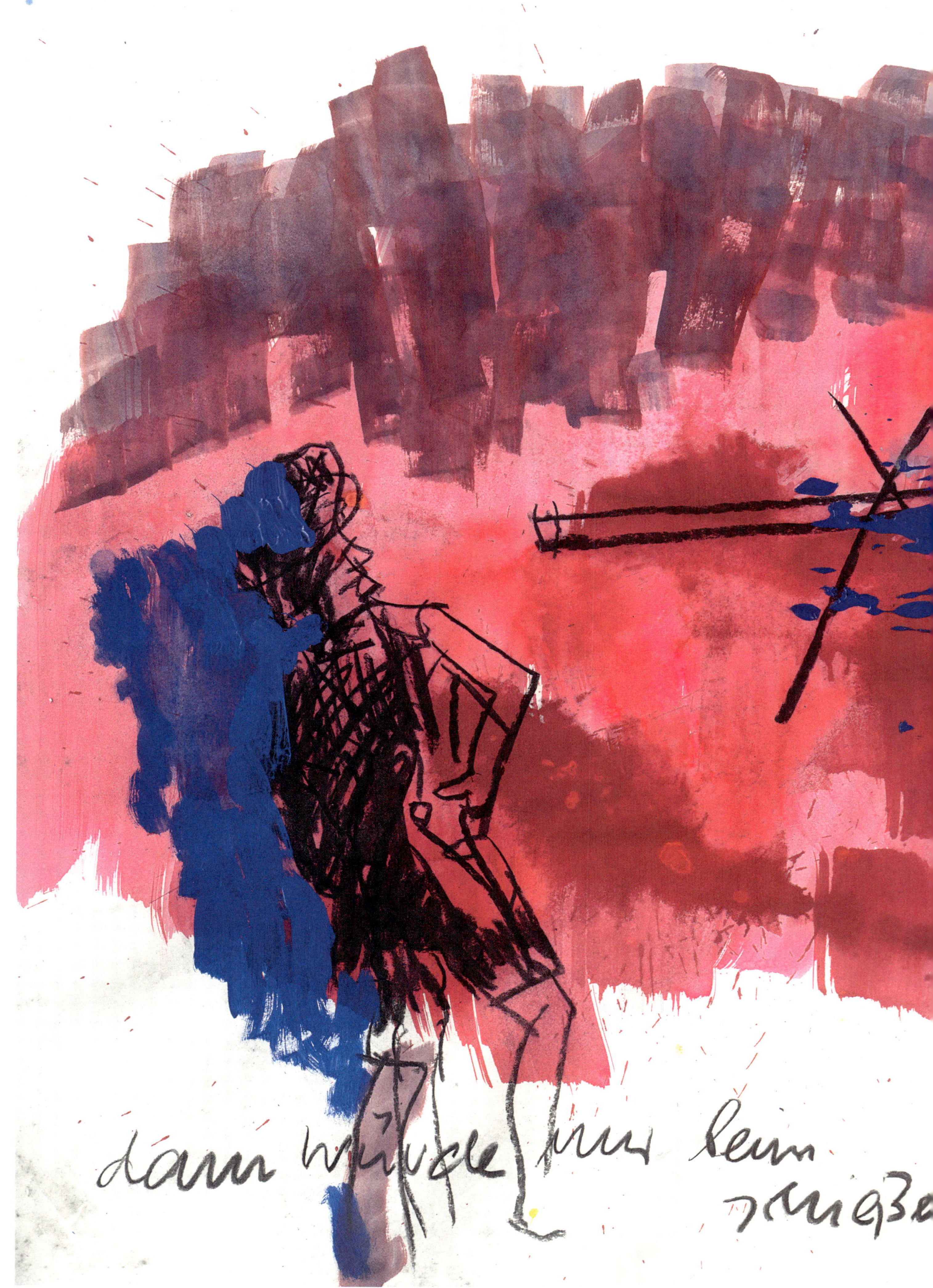

Dann würde mir beim Schießen / Der Hals nicht mehr so heiß

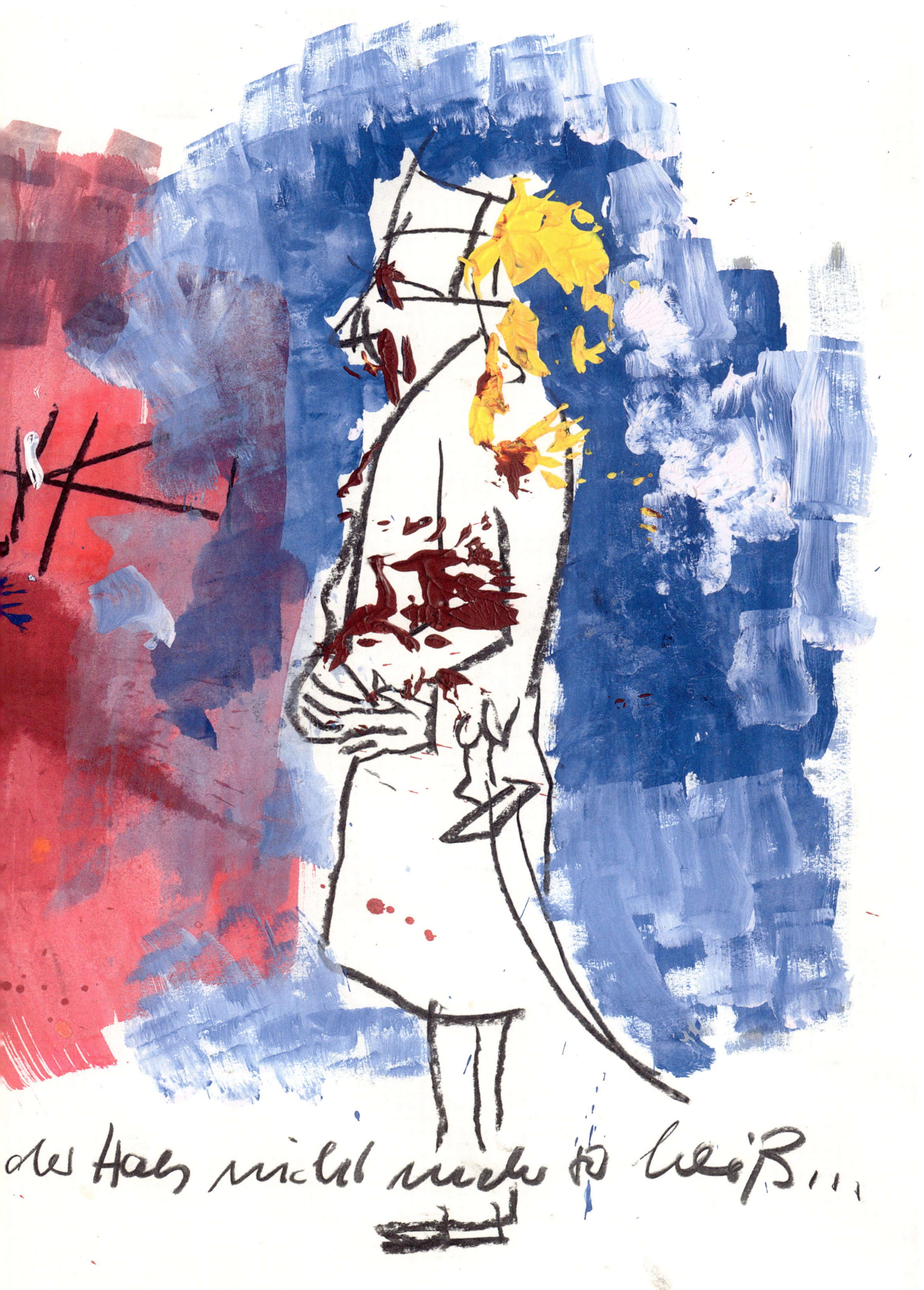
der Hals nicht mehr so weiß...

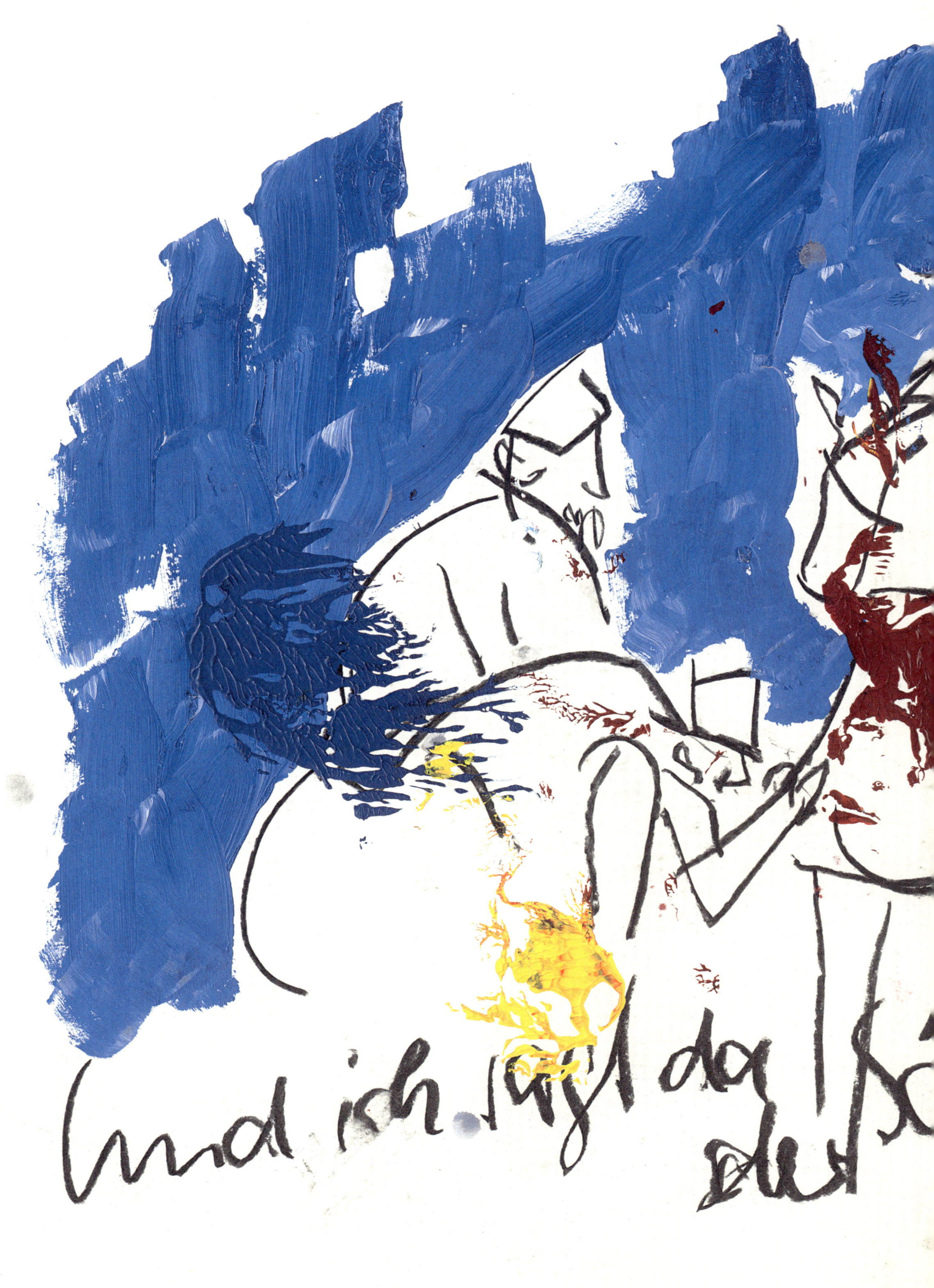

Und ich sagt da der Säbel / Ich möcht ein Messer sein

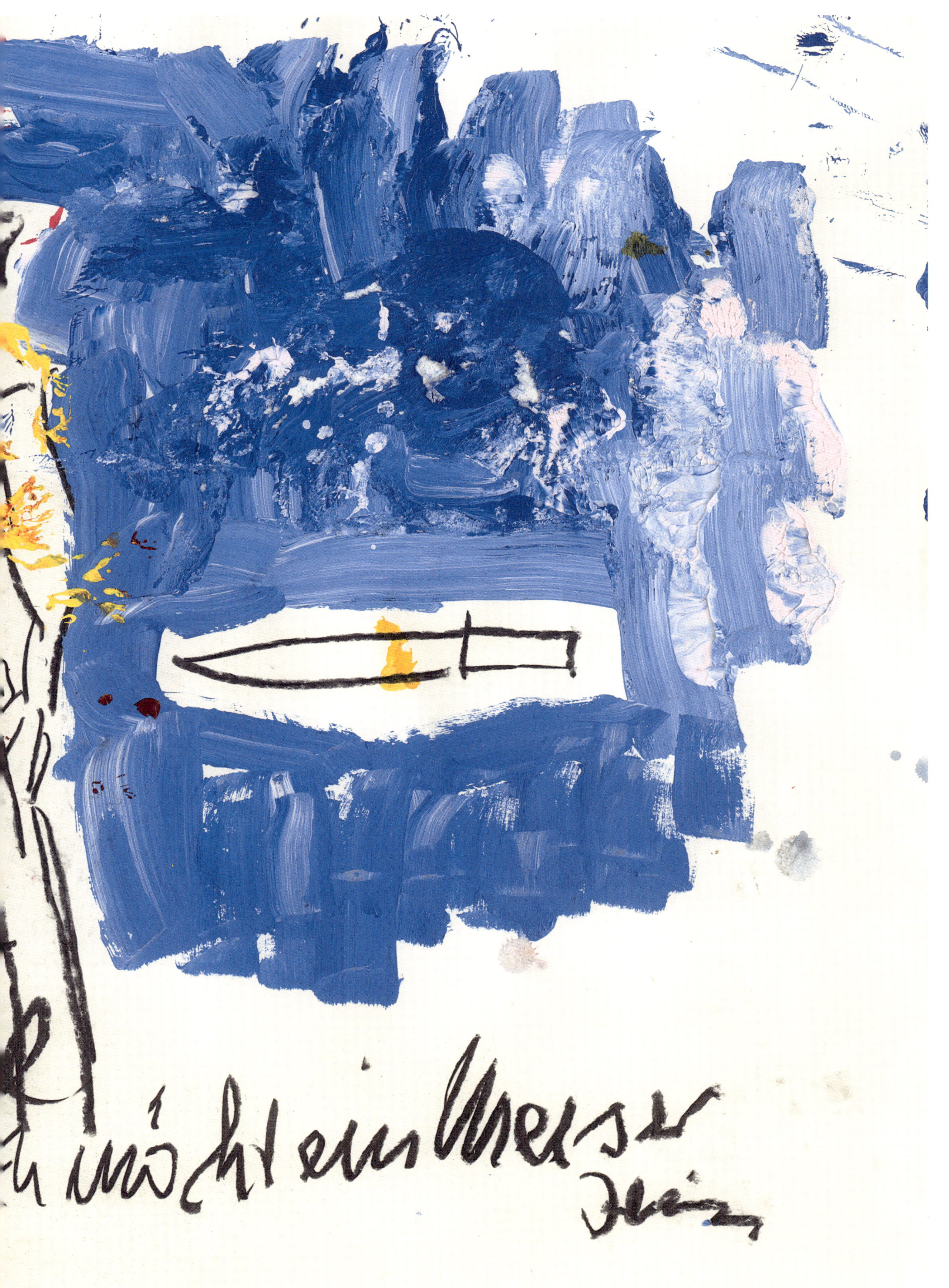
h möcht ein Messer

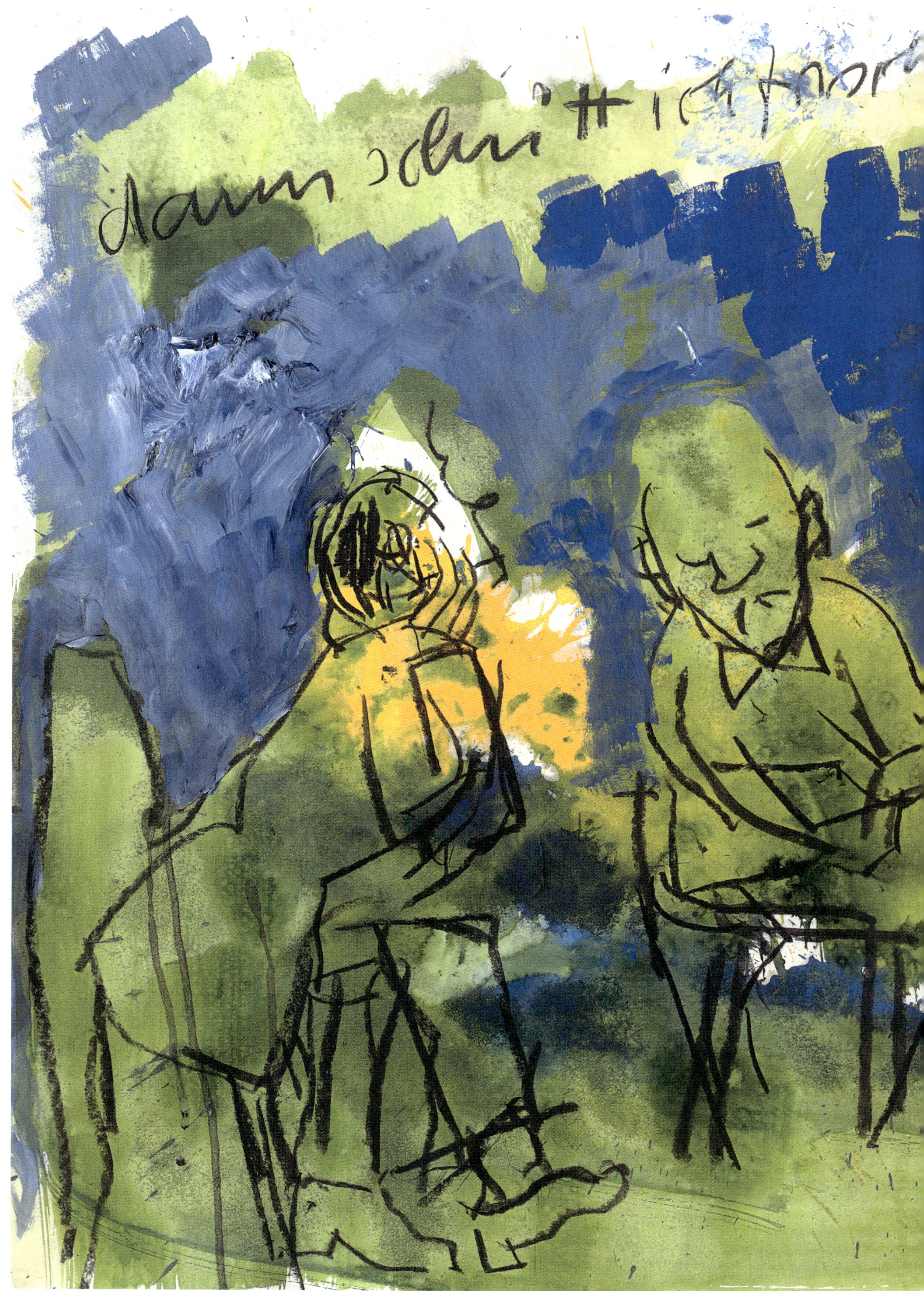

Dann schnitt ich frischen Schinken / Und Brot und Äpfel klein

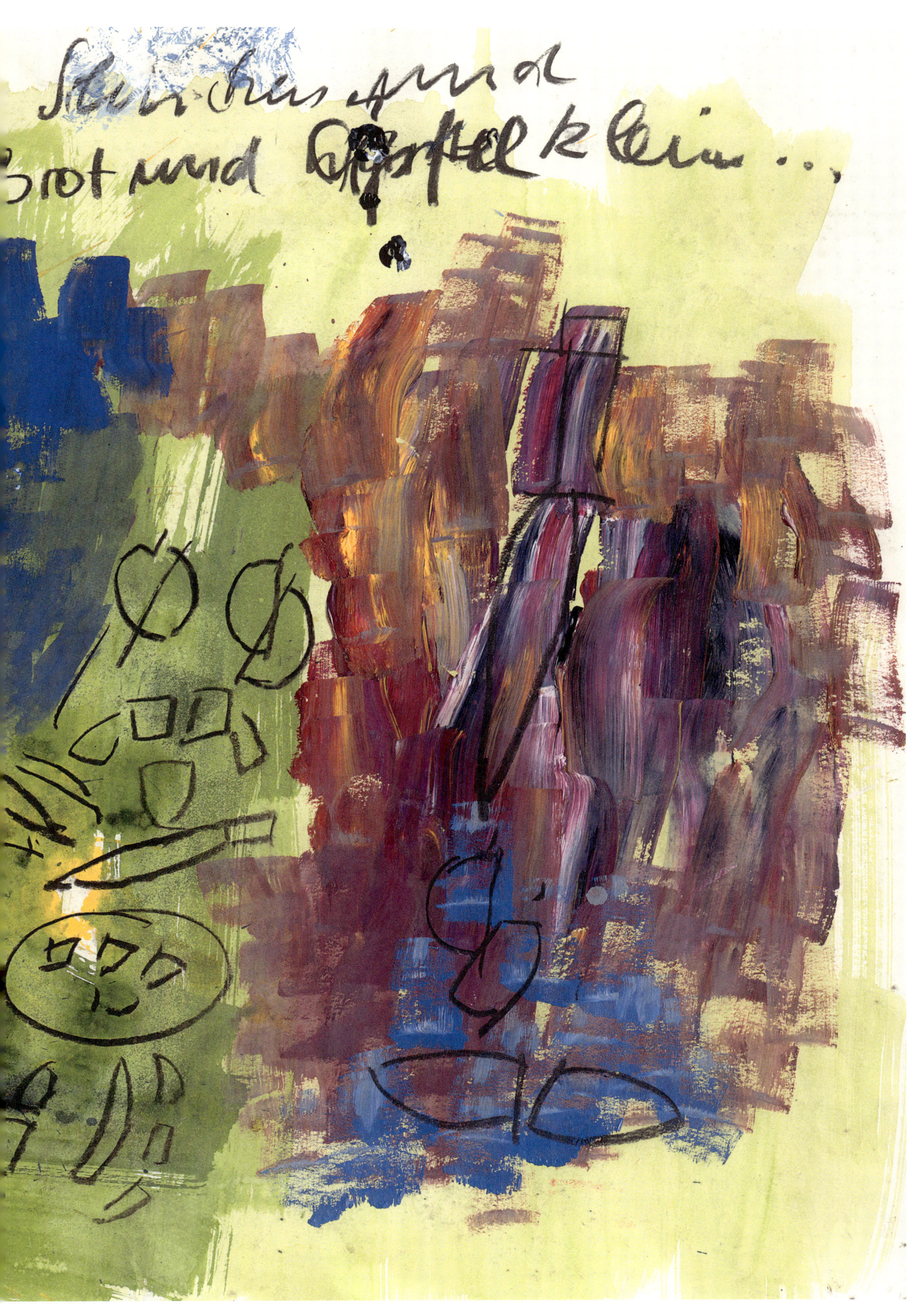
Schinken und
Brot und Apfel klein ...

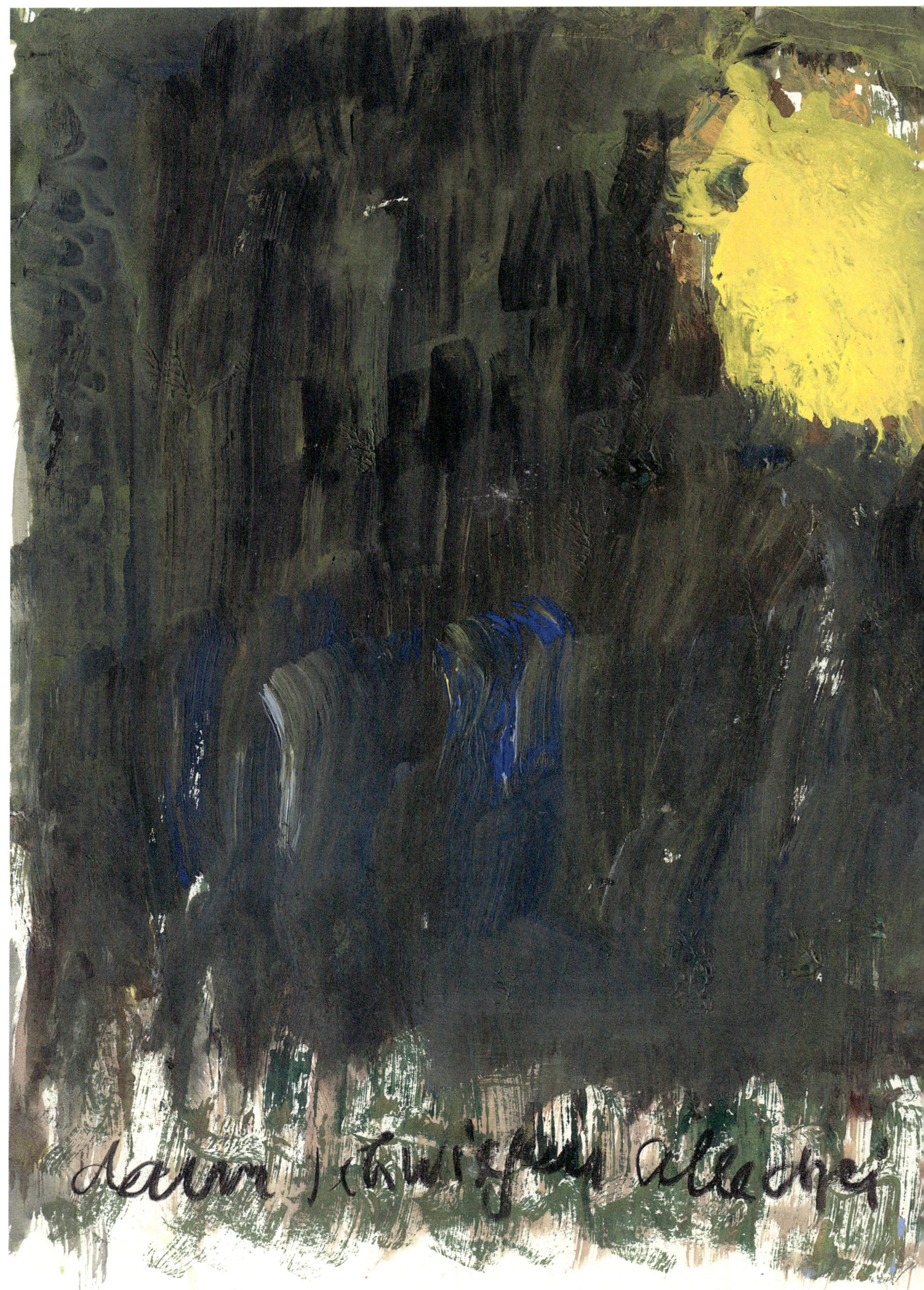

Dann schwiegen alle drei / Im milden Abendlicht

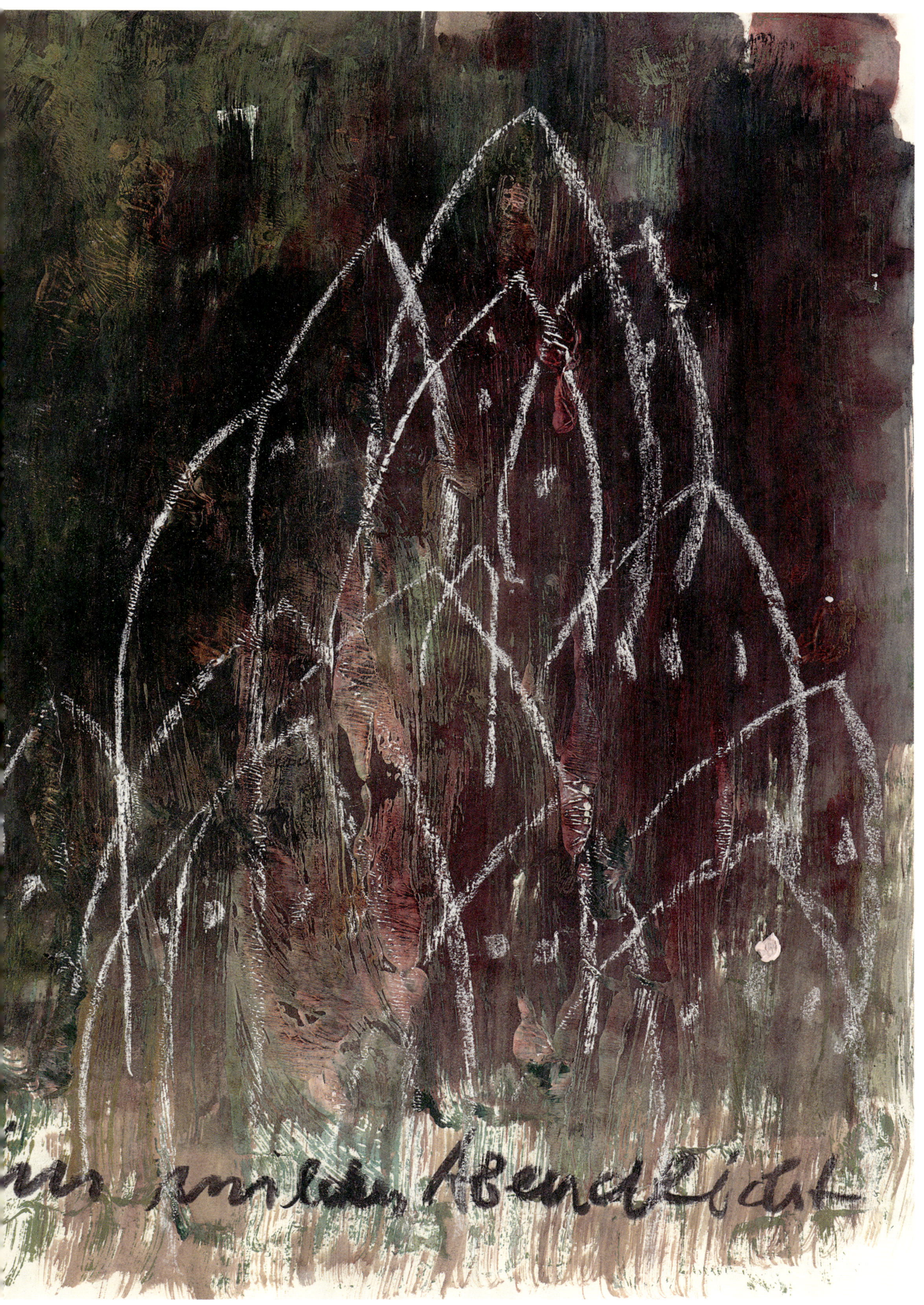
milden Abendlicht

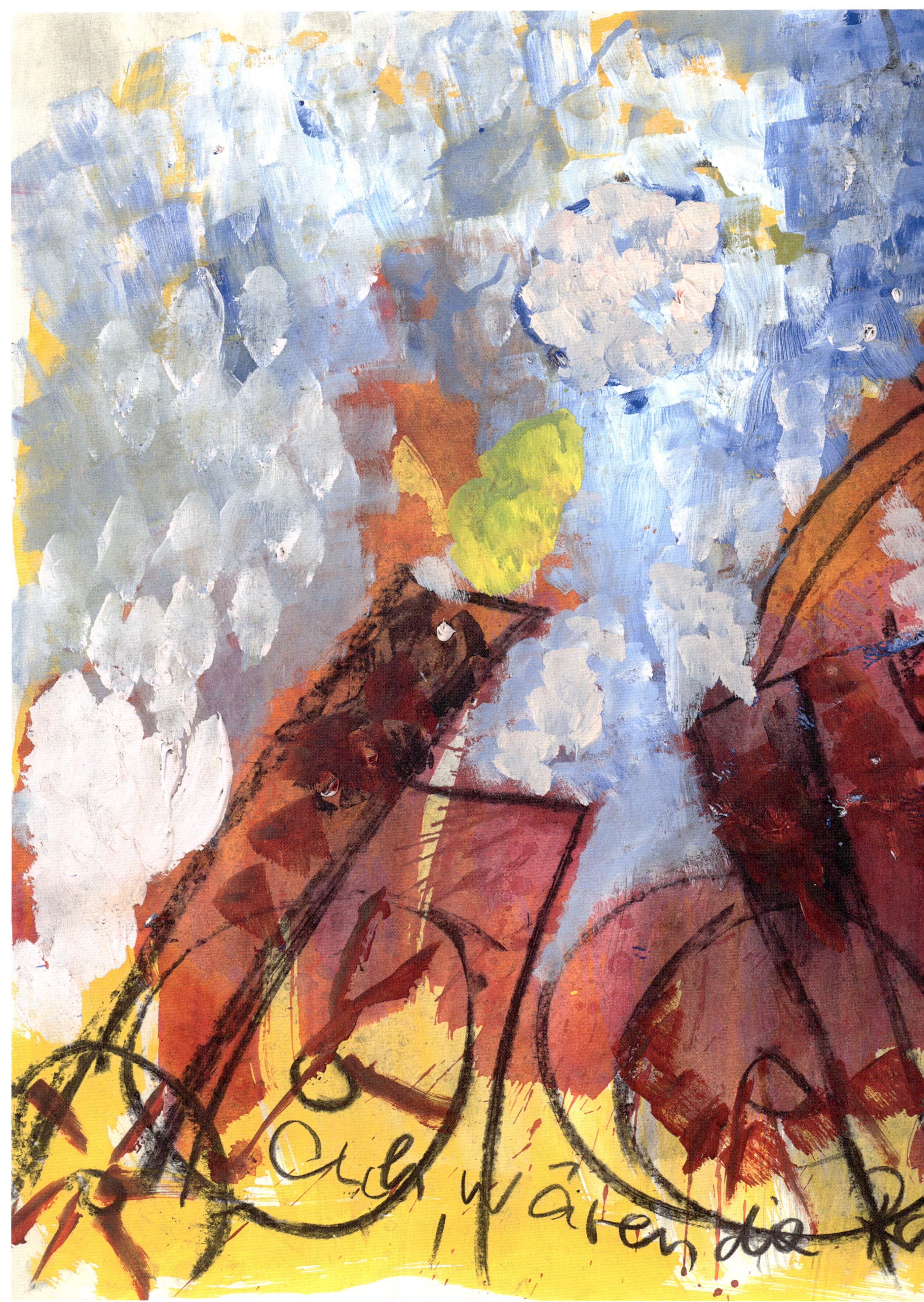

Ach wären die Raketen / Nur auf den Mond gerichtet

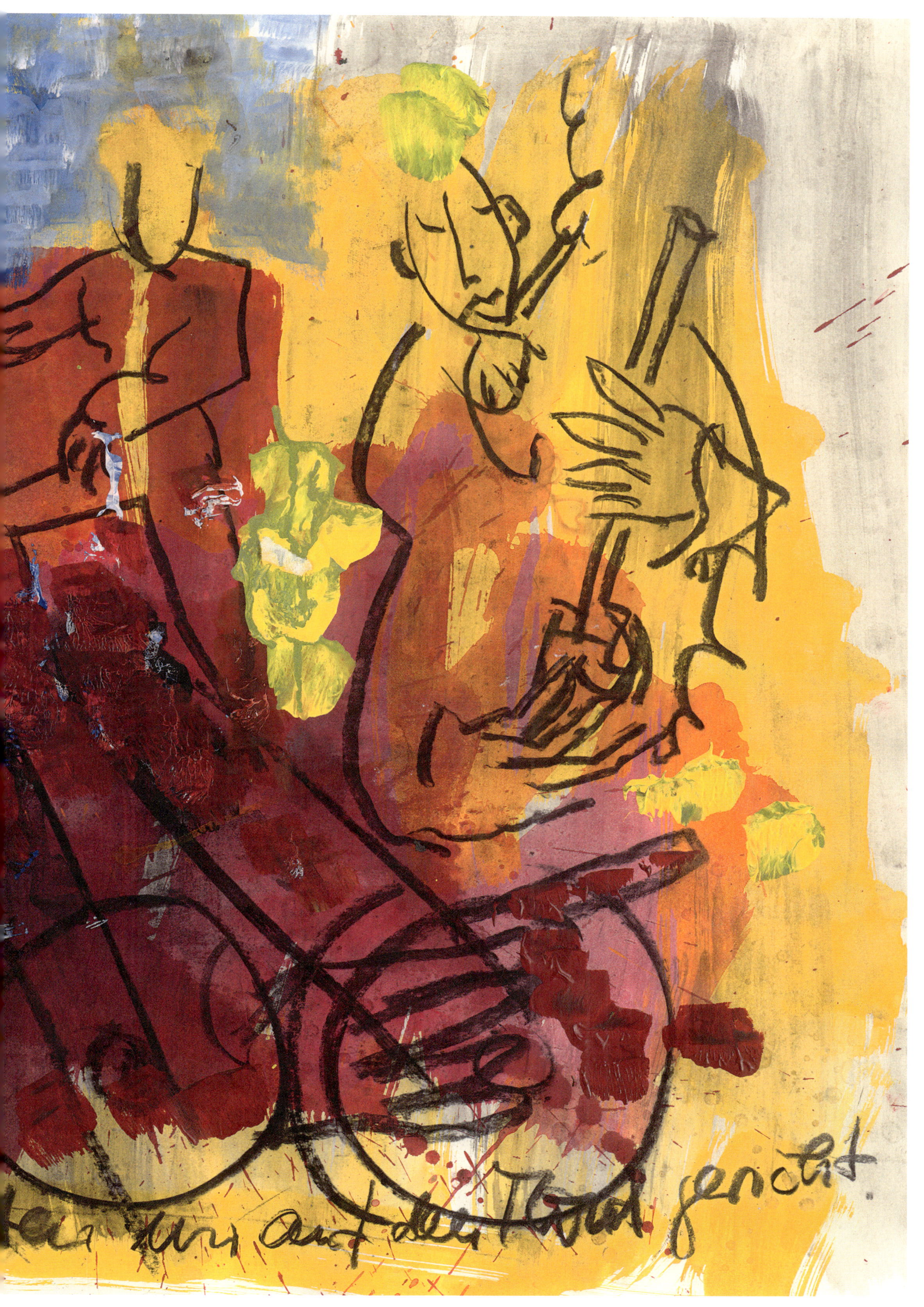
uns auf den Tod gericht

Nachtrag

Und der Mond?

Raketen auf mi

Nie ...

Ihr seht mich nic

Ihr trefft mich ni

raus

[illegible]

Ich bin

Ich schalt das Mondl

einfach aus

Und dann?

Nix ... schwarz – ke

kein Mon

Und der Mond? / Raketen auf mich? Seid ihr noch bei Sinnen? / Ihr seht mich nicht / Ihr trefft mich nicht /

Ich bin fein raus / Ich schalt das Mondlicht / Einfach aus / Und dann / Kein Mond, kein Ziel, nix …

PS.

P.S.

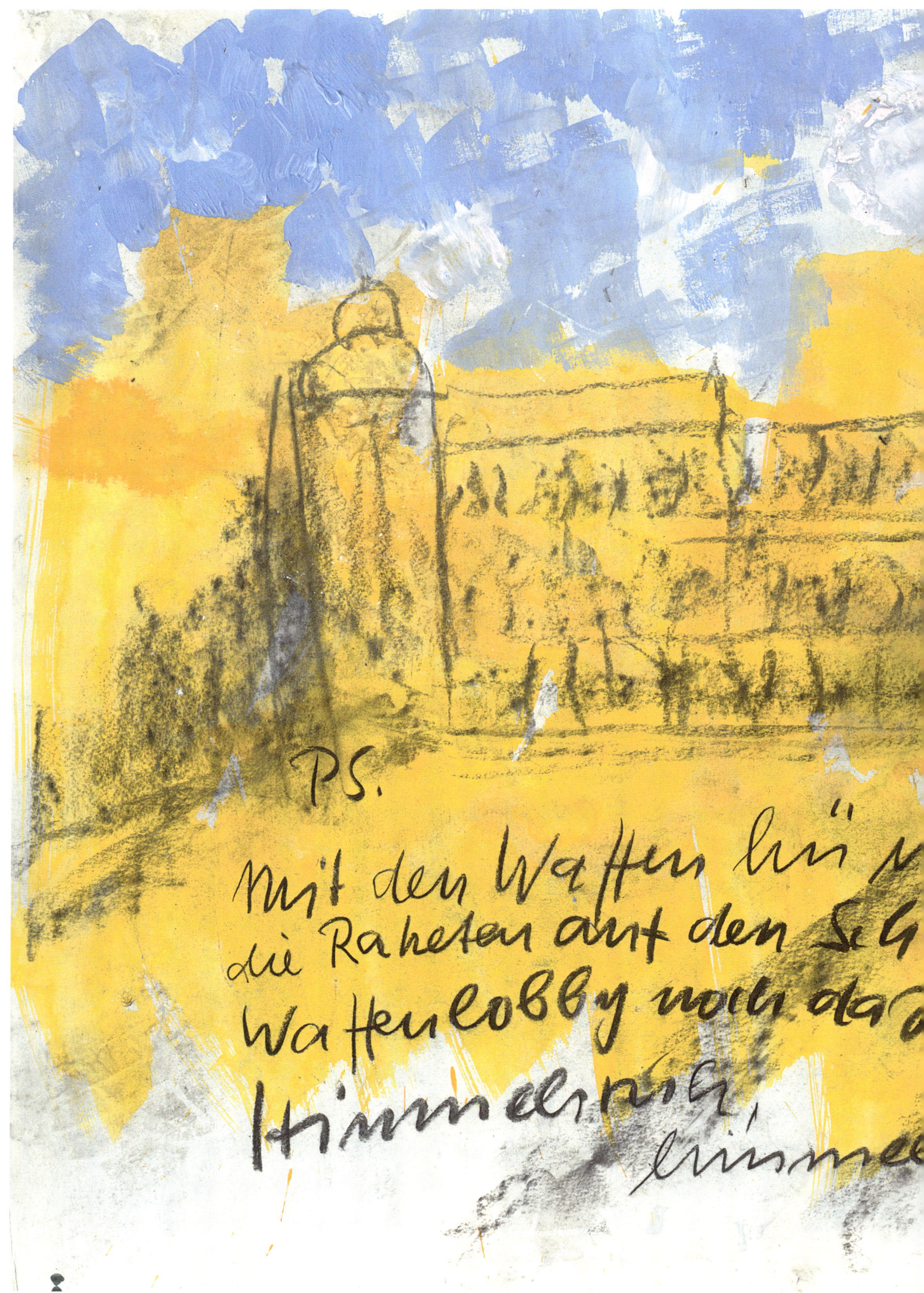

Mit den Waffen hü und hott / Die Raketen auf den Schrott / Die Waffenlobby noch dazu / Himmelsruh … Himmelsruh …

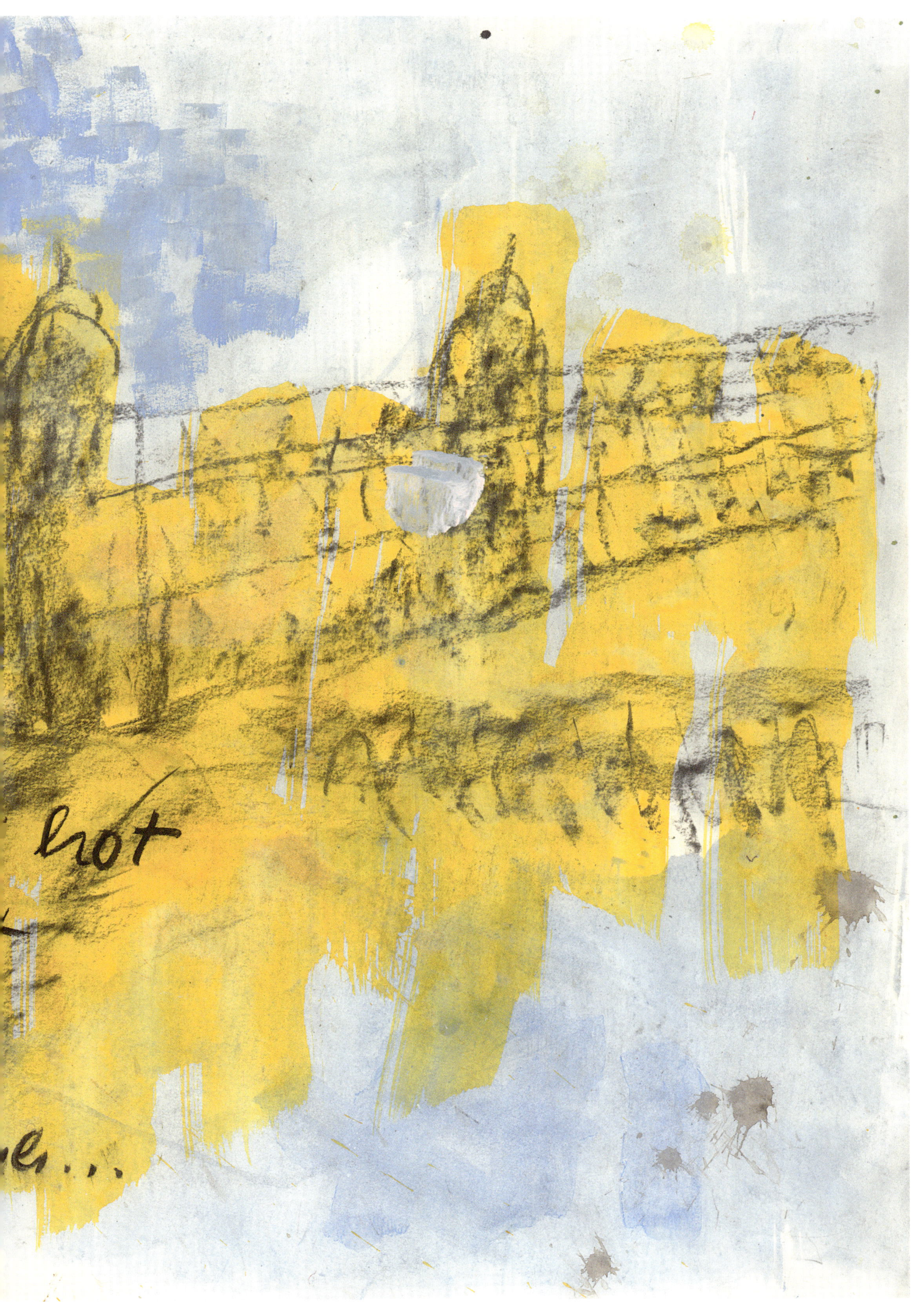
hot

Verzeichnis der Abbildungen

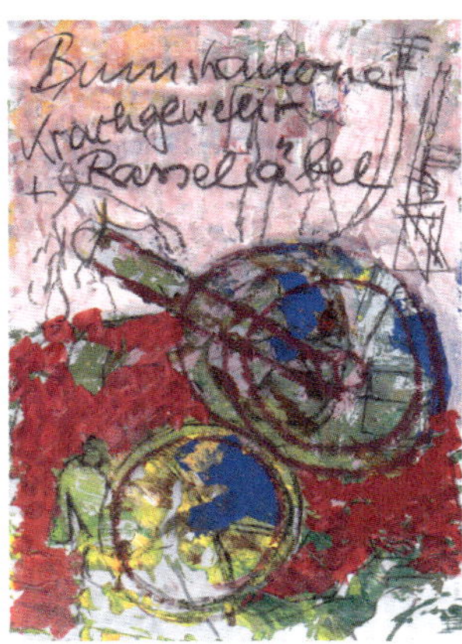

Seite 6
Bumskanone, Rasselsäbel und Krachgewehr
Acryl und Farbstift auf Papier
2019 | 83,5 x 59 cm

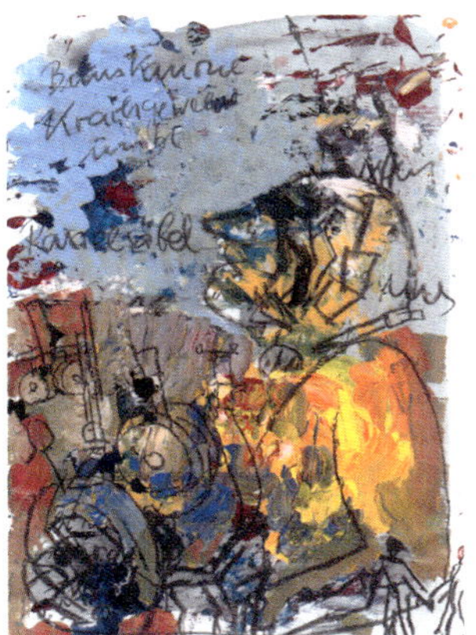

Seite 15
Bumskanone, Rasselsäbel und Krachgewehr
Acryl und Farbstift auf Papier
2019 | 83,5 x 59 cm

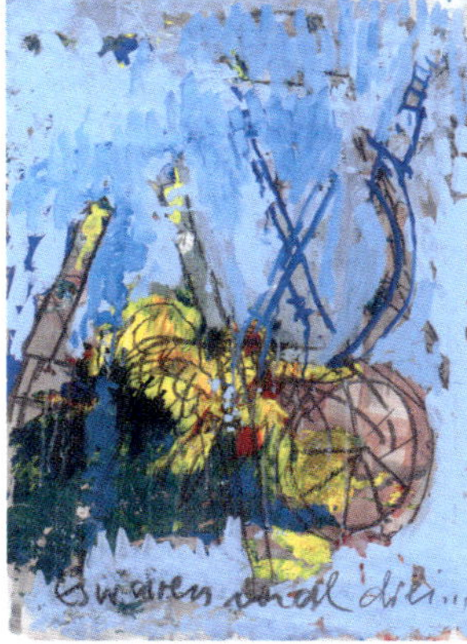

Seite 17
Es waren mal drei Waffen
Acryl und Farbstift auf Papier
2019 | 83,5 x 59 cm

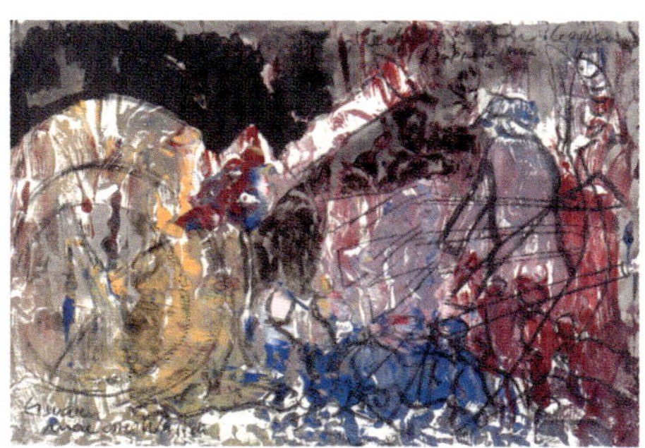

Seite 18/19
Die klapperten herum
Acryl und Farbstift auf Papier
2019 | 70 x 100 cm

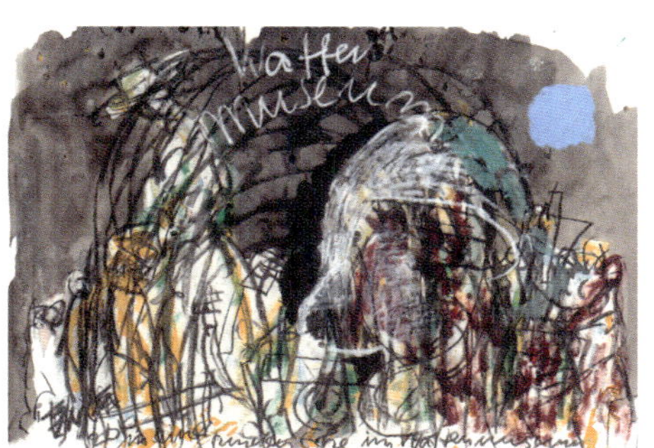

Seite 20/21
In einer dunklen Ecke Im Waffenmuseum
Acryl und Farbstift auf Papier
2019 | 70 x 100 cm

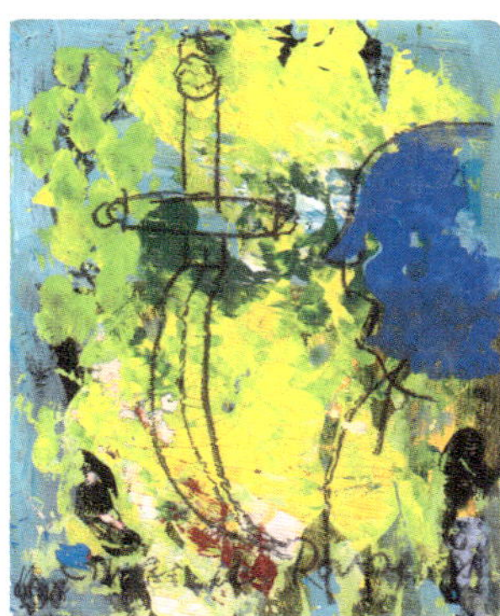

Seite 23
Es war der Rasselsäbel
Acryl und Farbstift auf Papier
2019 | 60,5 x 48,2 cm

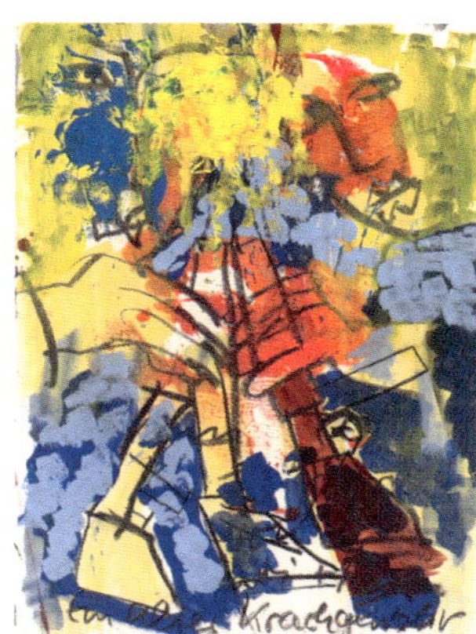

Seite 25
Ein altes Krachgewehr
Acryl und Farbstift auf Papier
2019 | 76 x 56 cm

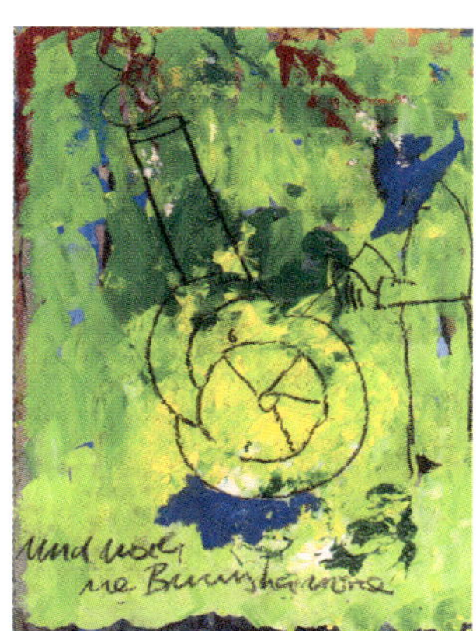

Seite 27
Und noch ne Bumskanone
Acryl und Farbstift auf Papier
2019 | 76 x 56 cm

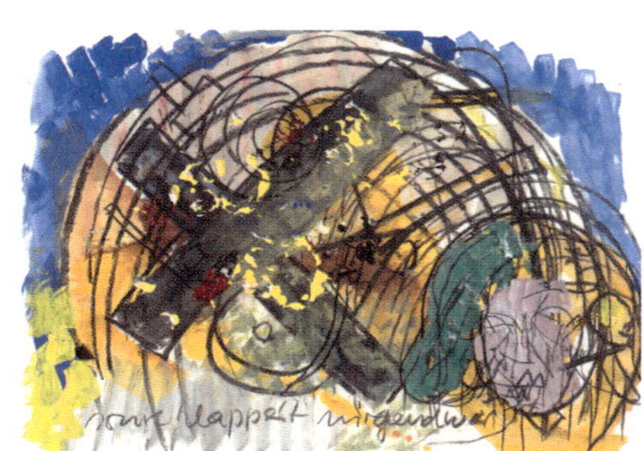

Seite 28/29
Sonst klappert nirgendwer
Acryl und Farbstift auf Papier
2019 | 70 x 100 cm

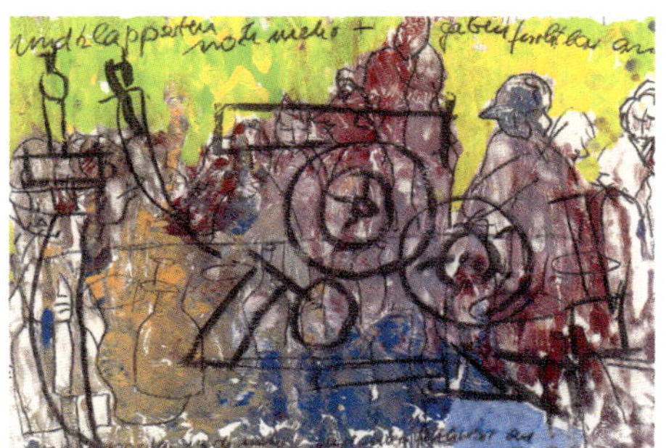

Seite 30/31
Und klapperten noch mehr
Und gaben furchtbar an
Acryl und Farbstift auf Papier
2019 | 70 x 100 cm

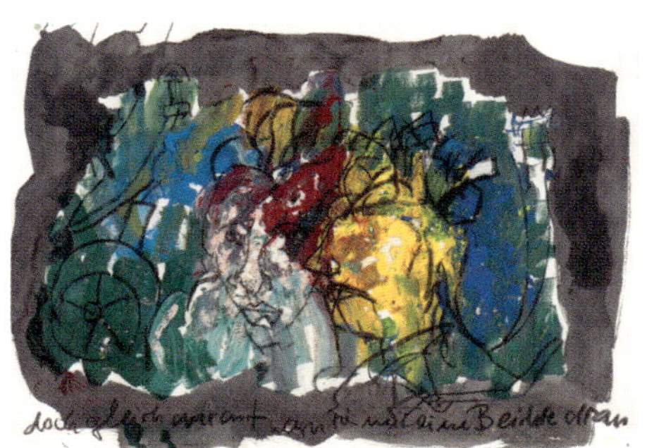

Seite 32/33
Doch gleich danach warn sie
Mit einer Beichte dran
Acryl und Farbstift auf Papier
2019 | 70 x 100 cm

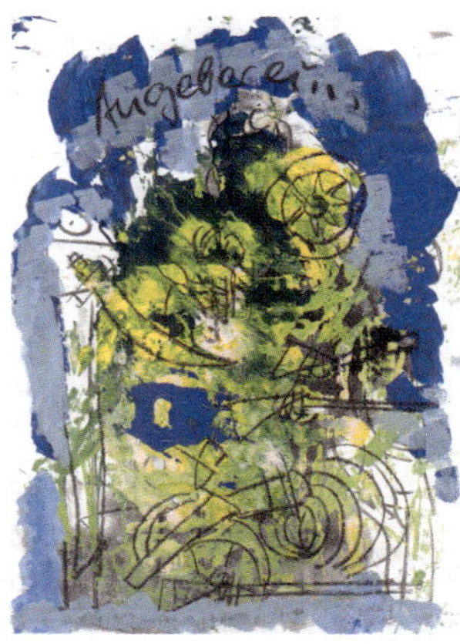

Seite 35
Angeberei
Acryl und Farbstift auf Papier
2019 | 83,5 x 59 cm

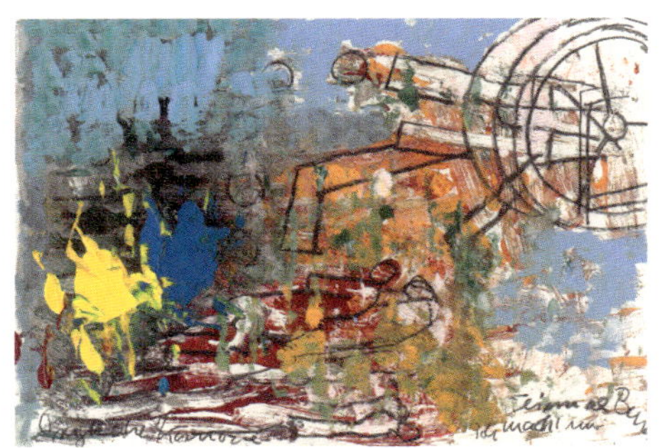

Seite 36/37
O sagte die Kanone
Ich macht nur einmal bum
Acryl und Farbstift auf Papier
2019 | 70 x 100 cm

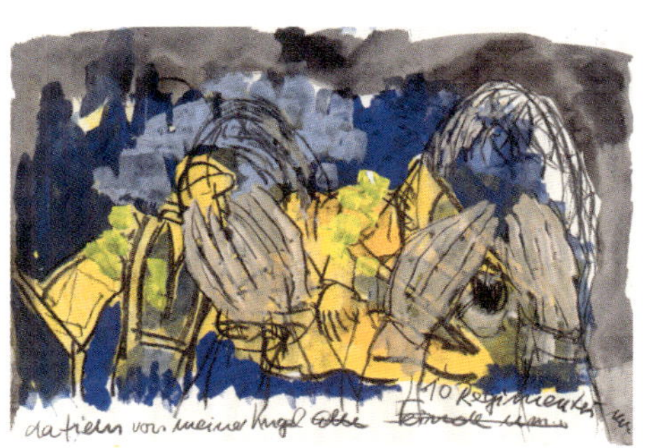

Seite 38/39
Da fieln von meiner Kugel
Zehn Regimenter um
Acryl und Farbstift auf Papier
2019 | 70 x 100 cm

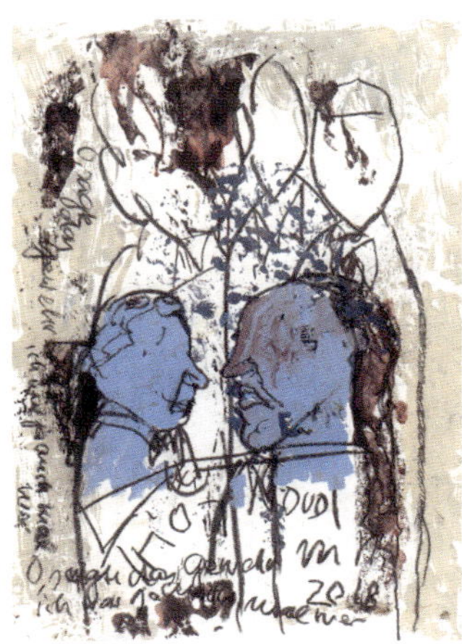

Seite 41
O sagte das Gewehr
Ich war ja auch mal wer
Acryl und Farbstift auf Papier
2019 | 100 x 70 cm

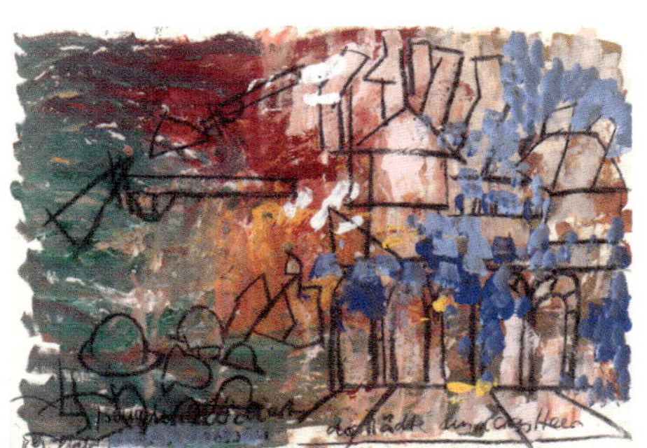

Seite 42/43
Ich habe peng durchlöchert
Das Stadt und noch das Heer
Acryl und Farbstift auf Papier
2019 | 70 x 100 cm

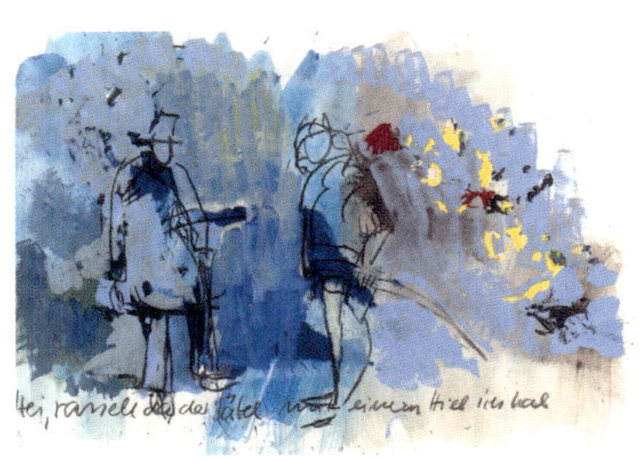

Seite 44/45
Hei rasselt da der Säbel
Mit einem Hieb ich hab
Acryl und Farbstift auf Papier
2019 | 70 x 100 cm

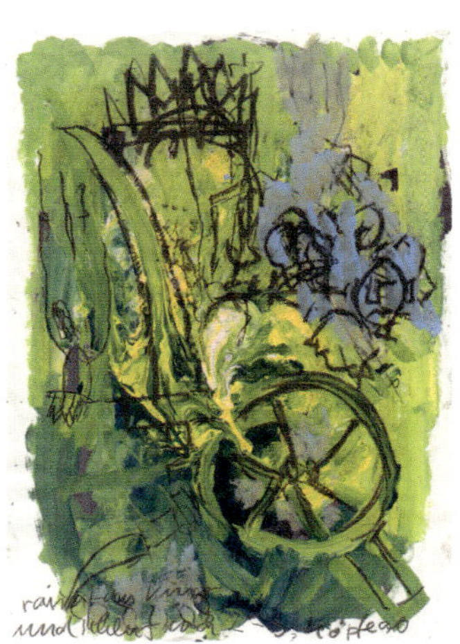

Seite 47
Rasiert den King und schlug /
Noch zwei drei Köpfe ab
Acryl und Farbstift auf Papier
2019 | 85,5 x 61 cm

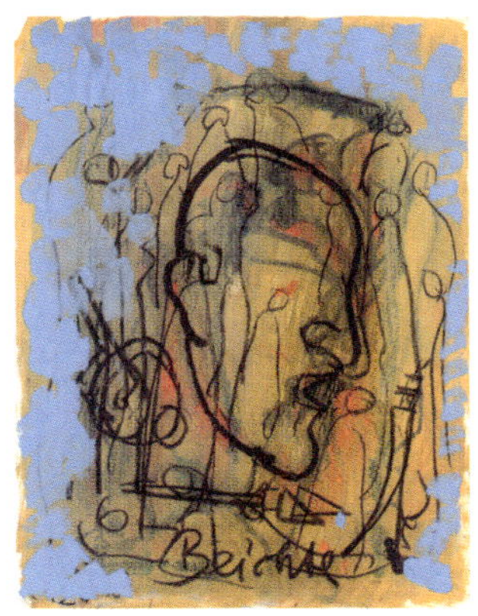

Seite 49
Beichte
Acryl und Farbstift auf Papier
2019 | 76 x 56,5 cm

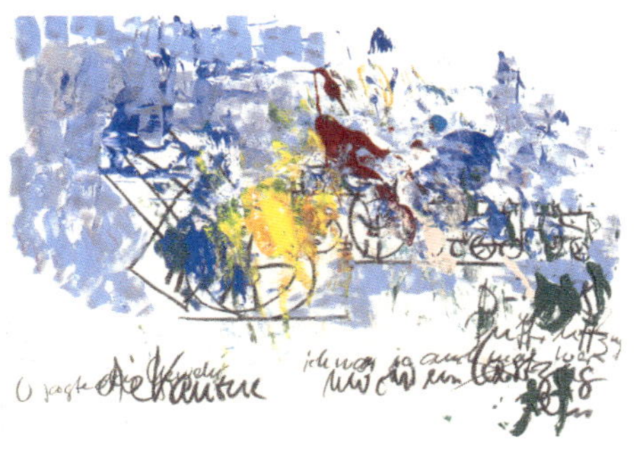

Seite 50/51
O sagte die Kanone
Ich möcht ein D-Zug sein
Acryl und Farbstift auf Papier
2019 | 70 x 100 cm

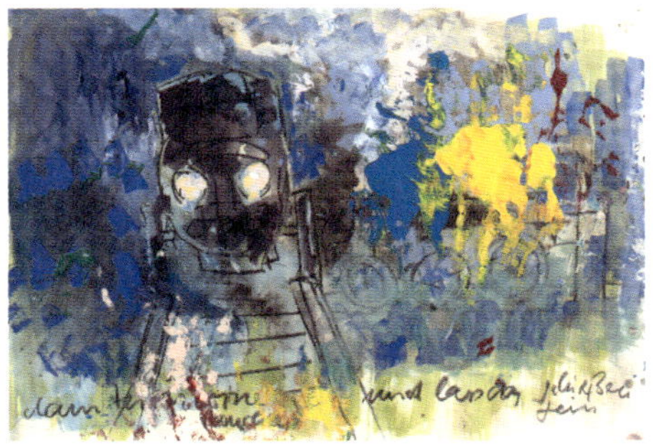

Seite 52/53
Dann tu ich vorne rauchen
Und lass das schießen sein
Acryl und Farbstift auf Papier
2019 | 70 x 100 cm

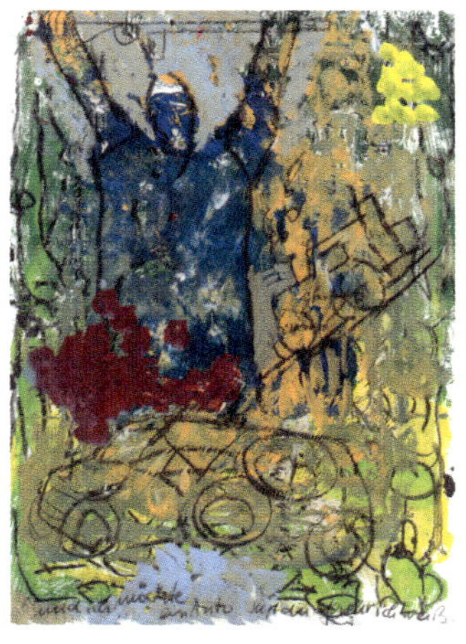

Seite 55
Und ich möchte ein Auto
Sagt das Gewehr ich weiß
Acryl und Farbstift auf Papier
2019 | 100 x 70 cm

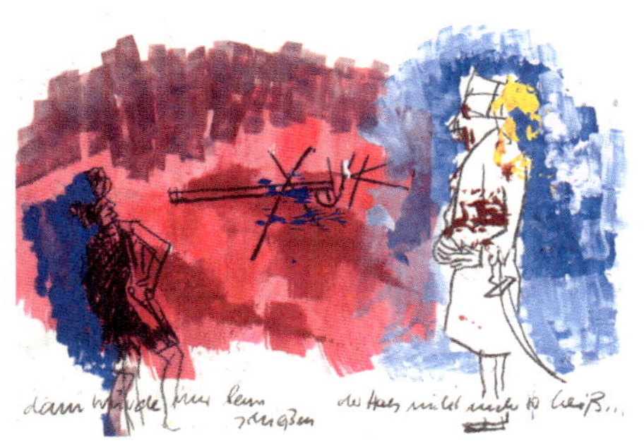

Seite 56/57
Dann würde mir beim Schießen
Der Hals nicht mehr so heiß
Acryl und Farbstift auf Papier
2019 | 70 x 100 cm

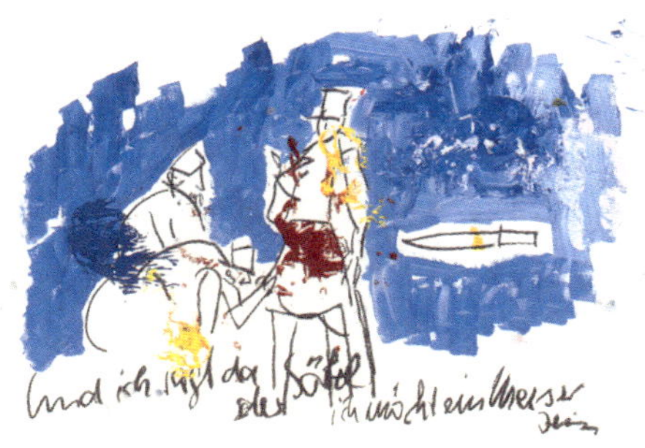

Seite 58/59
Und ich sagt da der Säbel
Ich möcht ein Messer sein
Acryl und Farbstift auf Papier
2019 | 70 x 100 cm

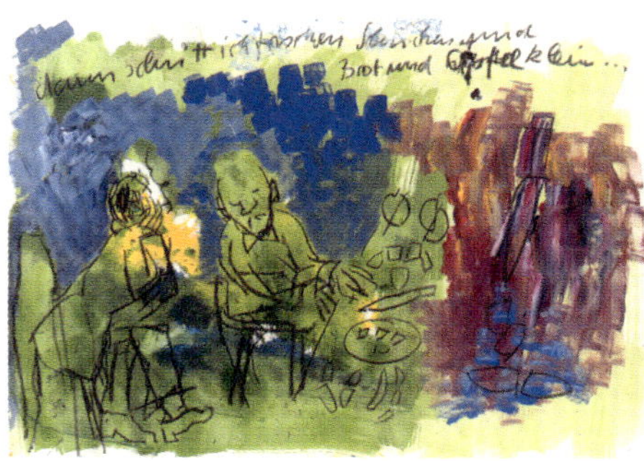

Seite 60/61
Dann schnitt ich frischen Schinken
Und Brot und Äpfel klein
Acryl und Farbstift auf Papier
2019 | 100 x 70 cm

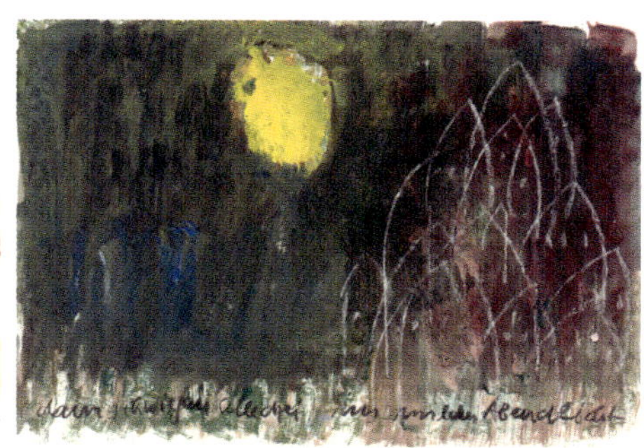

Seite 62/63
Dann schwiegen alle drei
Im milden Abendlicht
Acryl und Farbstift auf Papier
2019 | 70 x 100 cm

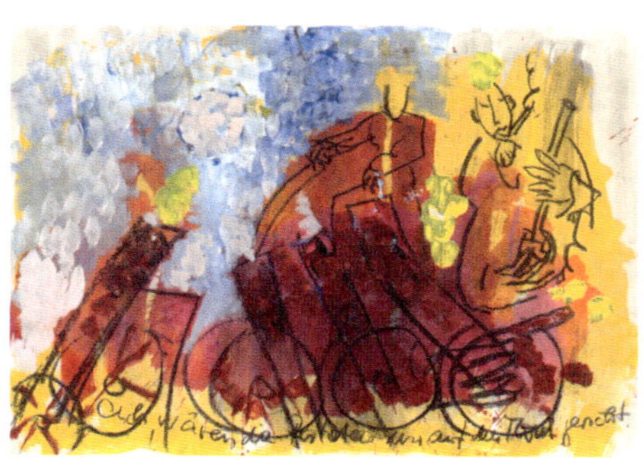

Seite 64/65
Ach wären die Raketen
Nur auf den Mond gerichtet
Acryl und Farbstift auf Papier
2019 | 70 x 100 cm

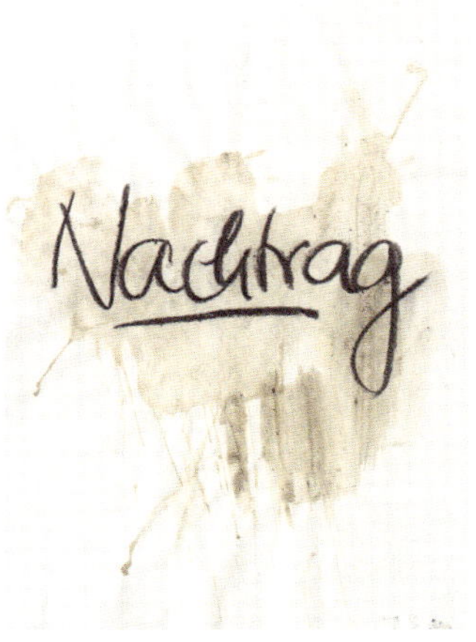

Seite 67
Nachtrag
Acryl und Farbstift auf Papier
2019 | 59,5 x 42 cm

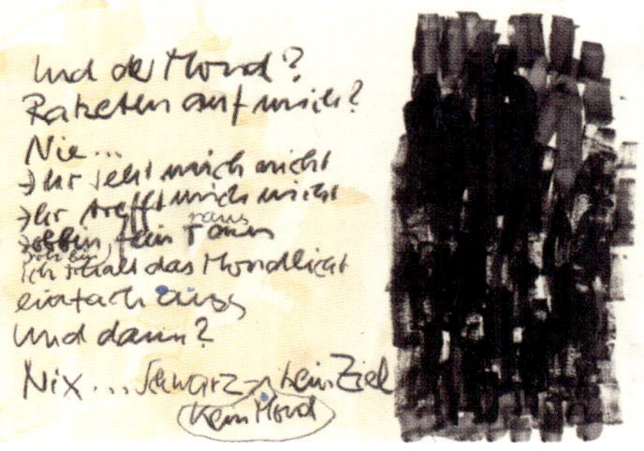

Seite 68/69
Und der Mond?
Raketen auf mich? Seid ihr noch bei Sinnen?
Ihr seht mich nicht
Ihr trefft mich nicht
Ich bin fein raus
Ich schalt das Mondlicht
Einfach aus
Und dann
Kein Mond, kein Ziel, nix …
Acryl und Farbstift auf Papier
2019 | 70 x 100 cm

Seite 71
PS.
Acryl und Farbstift auf Papier
2019 | 59,5 x 42 cm

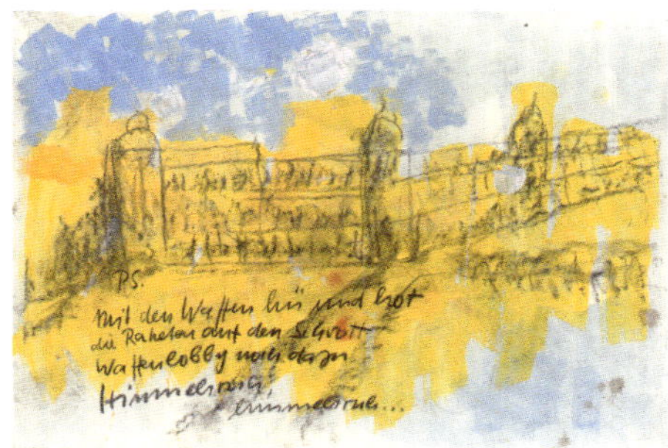

Seite 72/73
Mit den Waffen hü und hott
Die Raketen auf den Schrott
Die Waffenlobby noch dazu
Himmelsruh … Himmelsruh …
Acryl und Farbstift auf Papier
2019 | 70 x 100 cm

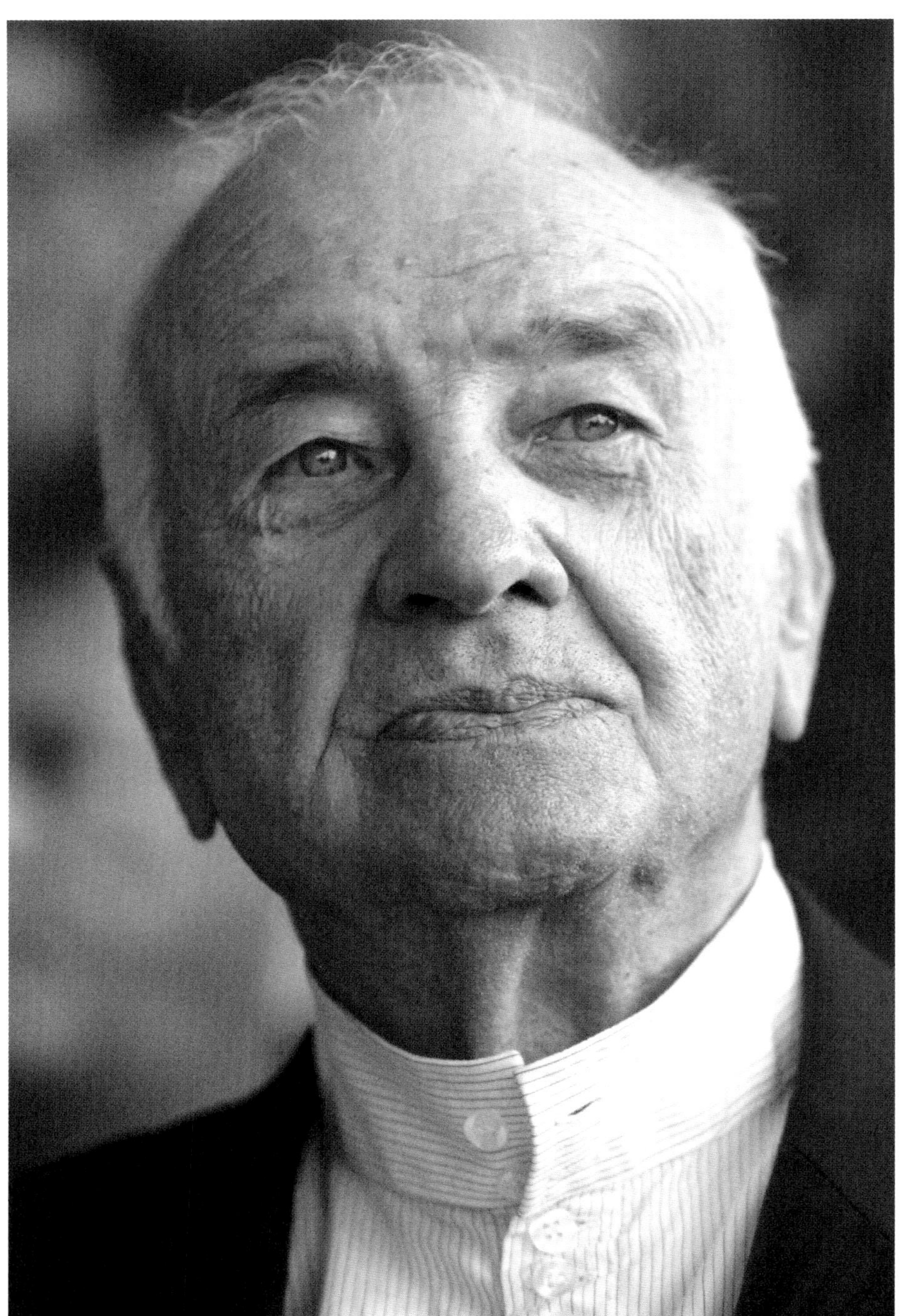

Biografie

17. Dezember 1930
- Geburt in Tilsit / Ostpreußen

1949
- Musikstudium am Stern'schen Konservatorium, Berlin

1951
- Schauspielunterricht und Hinwendung zur Malerei

1952
- Theater am Schiffbauerdamm, Berlin

1953
- Abschluss des Musikstudiums Berliner Volksbühne

1956
- Erste Spielfilmrolle *Heimliche Ehen*

1959/60
- Theater, Fernsehen und Kino der DDR

1963
- Kunstpreis der DDR

1964/65
- Silberner Lorbeer des DDR-Fernsehfunks für die Rolle des Wolfgang Pagel in *Wolf unter Wölfen*

1967/68
- Konzertreisen nach Kopenhagen, Wien, Warschau, Kairo, West-Berlin

1972
- Nationalpreis zweiter Klasse der DDR für *Die Verschworenen*

1975
- Theodor-Körner-Preis (im Kollektiv) für seine Rolle als Stasi-Agent in *Das unsichtbare Visier*

1976
- Unterzeichnung der Protestresolution von DDR-Künstlern gegen die Ausbürgerung Wolf Biermanns

1979
- Ausreise aus der DDR, erste Rollen in Westdeutschland

1980
- Verdienstkreuz erster Klasse der Bundesrepublik Deutschland

1981
- Veröffentlichung seines ersten Romans *Verordneter Sonntag*, Severin und Siedler Verlag, Berlin

1982
- Bundesfilmpreis (Filmband in Gold) für seine Rolle des Bohm in Fassbinders *Lola*

1983
- Deutscher Darstellerpreis „Chaplin-Schuh"

1985
- Darstellerpreis der Internationalen Filmfestspiele von Montreal für die Rolle des Bauern Leon in *Bittere Ernte*
- Bundesfilmpreis (Filmband in Gold) für den Film *Oberst Redl*
- Einladung des Hollywood-Agenten Paul Kohner nach Los Angeles

1991
- Veröffentlichung seines Buches *Drehtage. »Music Box« und »Avalon«*, Luchterhand Verlag, München

1992
- Übersiedlung in die USA (Los Angeles, Marina del Rey)
- Silberner Bär für die Darstellung des Baron Kaspar von Utz in *Utz*
- Durchsicht seiner Stasi-Akten in der Gauck-Behörde in Berlin

1996
- Golden Satellite für die Rolle des Peter Helfgott in *Shine*
- Australischer Filmpreis für die beste Nebenrolle in *Shine*

1997

- Veröffentlichung seiner Erinnerungen *Unterwegs nach Hause*, Aufbau Verlag, Berlin
- Oscar-Nominierung für seine Rolle des Peter Helfgott in *Shine*
- Verleihung der Berlinale-Kamera für sein Lebenswerk

1998

- Ehrendoktor des Spertus Institute for Jewish Studies in Chicago
- Veröffentlichung des Romans *In Gedanken an Marie Louise,* List Verlag, München

2001/2002

- Veröffentlichung des Buches *Rollenspiel,* Texte und Malerei; ein während der Dreharbeiten zu *Die Manns* geführtes Tagebuch, Strauss Verlag, Potsdam
- Erste Lithografien auf Anregung des Galeristen Frank-Thomas Gaulin, Kunsthaus Lübeck
- Lithografische Einzelblätter zum Thema »Biografische Bilderwelten«
- Mappenwerk *Hamlet in Amerika*, 13 Lithografien zu einem Drehbuch des Künstlers, Kunsthaus Lübeck
- Grimme-Preis mit Gold für die Darstellung des Thomas Mann in *Die Manns – Ein Jahrhundertroman*
- Bayerischer Filmpreis für die Darstellung des Thomas Mann in *Die Manns – Ein Jahrhundertroman*
- Emmy (US-Oscar für Fernsehserien) für *Die Manns – Ein Jahrhundertroman* in New York
- Veröffentlichung des Buches *Armin Mueller-Stahl, Begegnungen* von Volker Skierka, Knesebeck Verlag, München
- Bundesverdienstkreuz

2003

- Mappenwerk 20 großformatige Lithografien zum *Urfaust* (mit Katalog), Kunsthaus Lübeck

2004

- Mappenwerk *Night on Earth – Day on Earth*, Zyklus mit 21 Lithografien zum Film *Night on Earth* von Jim Jarmusch (mit Katalog), Kunshaus Lübeck
- Aufnahme der vier grafischen Mappenwerke in die Sammlung des Landesmuseums für Kunst- und Kulturgeschichte Schloss Gottorf, Schleswig
- Großes Verdienstkreuz der Bundesrepublik Deutschland

2005

- Preis »kultur aktuell« der HSH-Nordbank und des Landeskulturverbandes für das grafische Werk
- Preis der DEFA-Stiftung für seine Verdienste um den deutschen Film
- Veröffentlichung des Buches *Venice – Ein amerikanisches Tagebuch*, Aufbau Verlag, Berlin

2006

- Verleihung der Carl-Zuckmayer-Medaille des Landes Rheinland-Pfalz
- Veröffentlichung des Buches *Kettenkarussell* von A. Mueller-Stahl, Aufbau Verlag, Berlin
- Veröffentlichung des Buches *Unterwegs nach Hause* von A. Mueller-Stahl, Aufbau Verlag, Berlin
- Veröffentlichung des Buches *Portraits* von A. Mueller-Stahl, Aufbau Verlag, Berlin

2007

- Verleihung des Deutschen Filmpreises (Ehrenpreis für hervorragende Verdienste um den deutschen Film)
- Verleihung des *Bild Osgar*
- Gestaltung der Künstlerausgabe des Brockhaus
- Film *Die Buddenbrooks*
- Veröffentlichung des Buches *Die Buddenbrooks – Übermalungen eines Drehbuchs*, Henschel Verlag, Berlin
- Veröffentlichung des Buches *Hannah*, Aufbau Verlag, Berlin

- Veröffentlichung des Buches *Utz*, Braus Verlag, Berlin

2008
- Großes Bundesverdienstkreuz mit Stern
- Genie Award der kanadischen Film- und Fernsehakademie (kanadischer Oscar) als bester Nebendarsteller in *Tödliche Versprechen*

2009
- Ehrung für das Lebenswerk, Berlinale Berlin

2010
- Landesverdienstorden des Landes Nordrhein-Westfalen
- Veröffentlichung des Buches *Die Jahre werden schneller: Lieder und Gedichte* von A. Mueller-Stahl, Aufbau Verlag, Berlin
- Monografie *Armin Mueller-Stahl*, Werkmonografie der Malerei und Zeichnungen, Edition Braus, Berlin
- *Armin Mueller-Stahl: Die Biografie*, von Gabriele Michel, Aufbau Verlag, Berlin
- *Armin Mueller-Stahl: Die Biografie*, von Volker Skierka, Langen/Müller Verlag, München
- Ehrenbürger des Landes Schleswig-Holstein

2011
- Ehrenbürger der Stadt Tilsit
- Ehrenstipendiat für Malerei der Villa Massimo, Rom
- Goldene Kamera für das Lebenswerk
- Bambi für das Lebenswerk
- Goldener Bär für das Lebenswerk

2013
- Platin-Romy für das Lebenswerk, Wien
- Europäischer Kulturpreis Pro Arte
- Europäischer Kunst- und Filmbiennale-Preis, Worpswede

2014
- Ehrenpreis des 35. Bayerischen Filmpreises
- Askania Award 2014
- Lifetime Achievement Award, Portland German Film Festival
- Ehrenleopard für das Lebenswerk, 67. Internationales Filmfestival, Locarno
- Buch *Dreimal Deutschland und zurück*, von A. Mueller-Stahl. Biografische Erzählung, aufgeschrieben von Andreas Hallaschka, Verlag Hoffmann und Campe, Hamburg

2015
- Buch *Arbeiten auf Papier / Works on Paper*, Hatje Cantz Verlag, Berlin

2016
- The Washington Jewish Film Festival: Visionary Award
- Deutscher Schauspielerpreis 2016: Ehrenpreis für das Lebenswerk
- Veröffentlichung des Buches *Die Blaue Kuh*, Hatje Cantz Verlag, Berlin

2018
- Mappenwerk *Shakespeares Mädchen und Frauen*, Kunsthaus Lübeck
- Veröffentlichung des Buches *Der wien Vogel fliegen kann*, Hatje Cantz Verlag, Berlin

2019
- Preis des Dresdner Opernballs, St. Petersburg

Einzelausstellungen (Auswahl)

2001
- Erste Ausstellung von Malerei und Zeichnungen, Filmmuseum, Potsdam
- Buddenbrookhaus und Kulturforum Museum Burgkloster, Lübeck, Kunsthaus Lübeck (mit Katalog)
- Büchergilde Gutenberg, Bremen
- Einzelausstellung von Malerei und Zeichnungen, Galerie Rolf Kallenbach, München

2002
- Von Durban nach Dubai auf der MS Europa, Galerie Rolf Kallenbach, München

2003
- Kulturhistorisches Museum, Stralsund
- Galerie Börges, Bremerhaven
- Stadt- und Industriemuseum und Galerie am Dom, Wetzlar
- Rathaus Wallenhorst
- *Festival Mitte Europa,* Städtische Galerie e. o. plauen, Plauen

2004
- Kunstraum Akademie, Stuttgart
- Casa di Goethe, Rom
- Wenzel Hablik Museum, Itzehoe
- Landesmuseum für Kunst- und Kulturgeschichte Schloss Gottorf, Schleswig
- Kulturbund Altenburger Land, Altenburg
- Galerie Abrahams, Hamburg
- Heidelberger Kunstverein

2005
- Municipal Art Gallery, Barnsdall Art Park, Los Angeles
- Manus Presse, Stuttgart
- Herzog August Bibliothek, Wolfenbüttel
- Ostholstein-Museum, Eutin (mit Katalog)
- Kunsthalle Kühlungsborn

2006
- Zykus *Urfaust*, Museum der bildenden Künste, Leipzig
- Kunstverein »Talstraße« e. V., Halle
- Museen der Stadt Meiningen (mit Katalog)
- Grafische Zyklen Kunsthaus Lübeck
- Museum Schloss Güstrow (mit Katalog)

2007
- Museum für Kunst und Gewerbe, Hamburg zum Buch *Utz*
- Kunsthalle Mannheim
- Theatergalerie Bremen (mit Katalog)
- Kunstforum Altes Rathaus, Potsdam (mit Katalog)
- Art Karlsruhe, Kunsthaus Lübeck

2008
- Galerie umĕni Karlovy Vary, Karlsbad / Tschechei (mit Katalog)
- Kunststation Kleinsassen, Hofbieber-Kleinsassen / Rhön (mit Katalog)
- Landesmuseum für Kunst- und Kulturgeschichte Schloss Gottorf, Schleswig (Internationaler Museumstag)
- Frank-Loebsches-Haus, Landau in der Pfalz (mit Katalog)
- Kunstverein Wasgau, Dahn
- Art Karlsruhe, Kunsthaus Lübeck

2009
- Museum Schloss Burgk
- Weidener Kulturtage
- Landesmuseum für Kunst- und Kulturgeschichte Schloss Gottorf, Schleswig
- Kunstverein Geldern
- Städtisches Museum, Göttingen
- NRW-Forum Düsseldorf
- Galerie Ketterer, München
- Horst-Janssen-Museum, Oldenburg
- Sparkassenstiftung Schleswig-Holstein, Kiel (mit Katalog Ars borealis)
- Kunstverein Peschkenhaus, Moers

2010
- Baden-Württembergische Bank, Stuttgart
- Art Karlsruhe One-artist-show, Kunsthaus Lübeck
- Ostholstein-Museum, Eutin (mit Katalog)
- Städtische Galerie »Leerer Beutel«, Regensburg (mit Katalog)
- Schloss Wackerbarth, Radebeul
- Historisches Museum der Stadt Sowetsk (Tilsit)
- Kunsthalle Ammersee, Seefeld
- »spinart« One-artist-show Malerei, Kunsthaus Lübeck in der Baumwollspinnerei Leipzig
- Stadt Neumarkt i. d. OPf. und Galerie Herrmann
- Kunsthalle Kühlungsborn

2011
- Ausstellung im Schleswig-Holsteinischen Landtag
- Galerie am Dom, Wetzlar
- Kunstverein Villa Böhm, Neustadt an der Weinstraße (mit Katalog)
- Galerie der Braunschweigischen Landessparkasse, Braunschweig
- Galerie Thomas Kaphammel, Braunschweig
- Kunstverein Dissen
- Art Karlsruhe One-artist-show, Kunsthaus Lübeck
- Kunstraum Potsdam / Filmmuseum Potsdam Doppelausstellung mit Jürgen Böttcher-Strawalde (mit Katalog)

2012
- Stiftung Burg Kniphausen, Burg Kniphausen, Wilhelmshaven (mit Katalog)
- VW-Forum unter den Linden, Berlin (mit Katalog)
- Art Karlsruhe One-artist-show, Kunsthaus Lübeck
- Christian Hohmann Fine Art, Palm Desert, Paintings, Works on Paper and Fine Prints
- Galerie Noah, Augsburg
- Kunstmuseum Solingen
- Marktkirche Goslar
- Galerie Anders, Lünen
- Siegfried Museum, Xanten mit dem Kunsthandel Koenen

2013
- Kulturkirche Neuruppin (mit Katalog)
- Art Karlsruhe One-artist-show, Kunsthaus Lübeck
- Kunsthaus Hänisch, Kappeln
- »Ballenlager« im Kulturzentrum Greven in Zusammenarbeit mit der Galerie Hunold
- Hanse-Office Brüssel (gemeinsame Vertretung der Freien und Hansestadt Hamburg und des Landes Schleswig-Holstein bei der EU)
- Bruckner-Haus Linz (mit Katalog)
- Kunststation Kleinsassen

2014
- Art Karlsruhe One-artist-show Kunsthaus Lübeck / Kunsthalle Schloss Seefeld, Bayern
- Galerie Herrmann und im Kulturhaus Reitstadl, Neumarkt
- Bikini-Haus, Gallery Weekend Berlin mit dem Hatje Cantz Verlag, Berlin
- Galerie Kersten, Brunnthal bei München
- Schloss Achberg, Ravensburg: Gemeinschaftsausstellung mit Margarita Broich, Günter Grass, Udo Lindenberg und Alissa Walser (mit Katalog)
- Kulturzentrum Kolvenburg Billerbeck, Kreis Coesfeld
- Stadtmuseum Siegburg
- Kunsthalle Kühlungsborn

- Galerie im Taschenbergpalais, Dresden
- Galerie Bäumler, Regensburg
- Art Fair Köln One-artist-show

2015
- Art Karlsruhe One-artist-show, Kunsthaus Lübeck
- Art Karlsruhe One-artist-show, Kunsthalle Schloss Seefeld, Bayern
- Kunsthalle Brennabor, Brandenburg (mit Katalog)
- Galerie Richter, Lütjenburg
- Galerie Peters-Barenbrock, Ahrenshoop
- Orangerie, Fürst-Pückler-Park, Bad Muskau (mit Katalog)
- Fabrik der Künste, Hamburg
- Schleswig-Holstein-Haus, Schwerin
- Ostholstein-Museum, Eutin (mit Katalog)

2016
- Art Karlsruhe One-artist-show Kunsthaus Lübeck
- Galerie Herrmann, Neumarkt
- Galerie Palz, Saarlouis
- Schloss Hartenfels, Torgau (mit Katalog)
- Kreissparkasse Heilbronn (mit Katalog) / Galerie Nupnau Art & Photographie, Schwaigern
- art + form, Dresden
- Galerie Walentowski, Werl
- Galerie Z, Landau
- Ernst Ludwig Kirchner Verein, Fehmarn

2017
- Art Karlsruhe One-artist-show, Kunsthaus Lübeck
- Dokumentationszentrum Prora in Zusammenarbeit mit Kunstraum Wasserwerk, Rügen
- Salongalerie »Die Möwe« Berlin
- Osthaus Museum Hagen (mit Katalog)
- Stadtmuseum Amberg
- Galerie am Dom, Wetzlar – Stadt-Galerie im Badehaus Bad Soden
- Kultur- und Festspielhaus Wittenberge
- Galerie Nupnau Art & Photographie, Schwaigern
- Galerie im Rathaus, Schwaigern
- Galerie Tobien, Husum
- Galerie Nottbohm, Göttingen
- Kunsthandlung Langheinz, Darmstadt

2018
- Art Karlsruhe One-artist-show, Kunsthaus Lübeck
- Kulturkirche Neuruppin, *Shakespeares Mädchen und Frauen*, Malerei und Arbeiten auf Papier
- Kunsthalle Vogtland, Reichenbach
- ArtHus, Eckernförde
- Galerie Mainzer Kunst, Mainz
- Art Galerie, Siegen
- Schubertiade, Schwarzenberg / Österreich (in Zusammenarbeit mit der Galerie Bode, Nürnberg)
- Kunstverein Peschkenhaus, Moers (mit Katalog)
- Galerie im Alten Rathaus, Prien am Chiemsee
- Galerie Kersten, Brunnthal bei München
- Walentowski Galerie, Sylt
- Ostholstein-Museum, Eutin (Zyklus *Der wien Vogel fliegen kann*)
- Kunsthaus Ratingen
- Theater Wintergarten, Berlin

2019
- Städtische Galerie »Sohle 1«, Bergkamen (mit Katalog)
- Art Karlsruhe One-artist-show, Kunsthaus Lübeck
- Galerie Palz, Saarlouis
- Galerie neben dem Schlesischen Museum, Görlitz

- Museumshof Zingst in Zusammenarbeit mit Kunstraum Wasserwerk Glowe/Rügen
- Puschkin Museum St. Petersburg
- Galerie Richter, Lütjenburg
- Galerie Z, Landau
- Libeskind-Villa Datteln in Zusammenarbeit mit Galerie Tobien
- Schloss Britz, Berlin
- Sakralmuseum St. Annen, Kamenz
- Kulturhaus Leuna, Leuna
- Kunstraum im Gewerbepark Süd, Hilden (in Zusammenarbeit mit Geuer & Geuer Art)
- Galerie Wroblowski, Remscheid
- Kunsthalle im Bahnhof, Seebad Ahlbeck

2020
- Galerie im Lessing-Museum, Kamenz
- art + form, Dresden
- Kulturzentrum Englische Kirche Bad Homburg / Galerie am Dom, Wetzlar
- Artport-Gallery Świnoujście (Uznam) / Swinemünde, Usedom

Herausgeber
Frank Thomas Gaulin, Kunsthaus Lübeck

Texte
Björn Engholm, Philipp Hontschik

Projektmanagement
Leo Sprüth, Hatje Cantz

Verlagsherstellung und Layout
Thomas Lemaître, Hatje Cantz

Coverentwurf
Janis Gildein für possible.is

Reproduktionen
Les artisants du Regard, Paris

Druck und Bindung
Livonia Print, Riga

Papier
Pergraphica Classic Smooth, 150 g/m²
GelTex LS, 115 g/m²

Schrift
Mrs Eaves XL Serif OT

Fotografie
Seiten 8 und 11
Nicola von Velsen
Seite 80
Ekkehard Nupnau

Tontechnik
Michael Schmerschneider,
Kulturakademie Vorwerk

Erschienen im
Hatje Cantz Verlag GmbH
Mommsenstraße 27
10629 Berlin
Deutschland Germany
www.hatjecantz.com

Ein Unternehmen der Ganske
Verlagsgruppe

Printed in Latvia

ISBN 978-3-7757-4724-0

Armin Mueller-Stahl trägt sein Gedicht im Juni 2020 vor.
Über diesen QR-Code lässt es sich anhören.